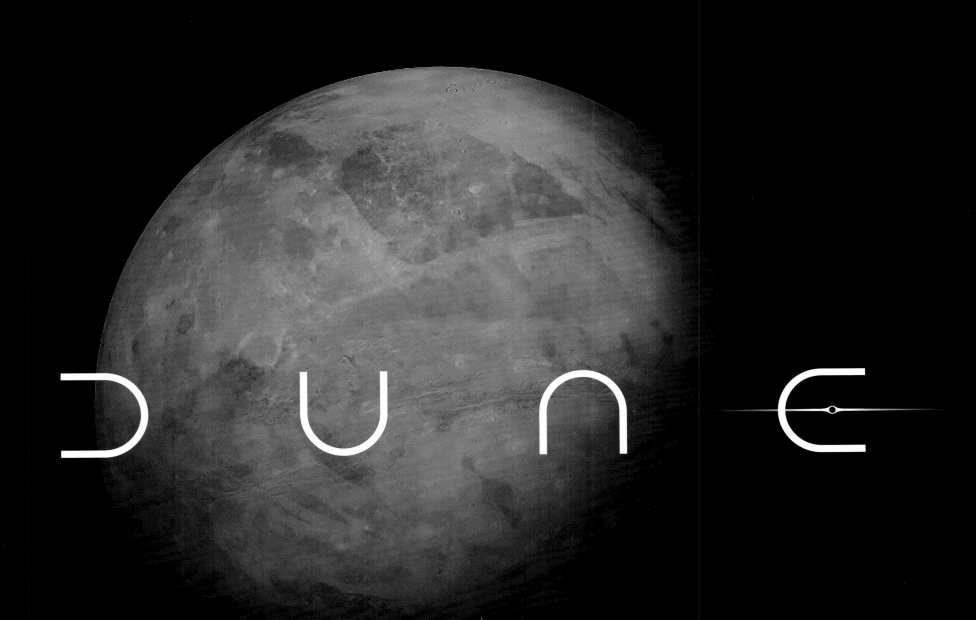

듄 · 메이킹 필름북

DUNE

타냐 라푸앵트

서문
드니 빌뇌브

들어가는 말
브라이언 허버트, 케빈 J. 앤더슨

문학수첩

CONTENTS

서 문

드니 빌뇌브

사막은 깊은 고립감을 불러일으킨다. 사막에서 사람은 필연적으로 내면을 성찰하게 된다. 사막은 우리가 품은 실존적인 두려움을 현미경처럼 확대해서 보여준다. 인간 사회의 모든 것과 동떨어진 곳에서 현기증이 날 만큼 무한한 시공을 직접 대면하면 마치 벌거벗은 느낌이 든다. 사막은 우리 인간들이 처한 상황을 최면처럼 되새겨 준다. 기쁨, 겸허함, 우울이 사막이 불러내는 감정이다. 때로는 불모의 공포를 불러내기도 한다. 영화 <듄>의 프로덕션 디자인에 영감을 주는 불꽃이 된 것이 바로 이런 고립감이다.

나는 프로덕션 디자이너 파트리스 베르메트를 보자마자 그가 이 일에 딱 맞는 예술가임을 알아차렸다. 창작의 새로운 영역을 탐구하고자 하는 엄청난 의욕만 봐도 그는 반드시 이 일을 맡아야 하는 사람이었다. 그의 자유분방한 상상과 맹렬한 열정뿐만 아니라 아름다운 감수성 또한 내게 필요한 것이었다. 내가 하고자 하는 일이 무엇인지 파트리스는 이해할 것이라는 확신이 들었다. 또한 그의 미친 듯한 예술적 열정이 신기루의 끝에 도달하는 길을 분명히 찾아줄 것이라고 생각했다.

1965년에 《듄》을 집필하던 당시 프랭크 허버트는 먼 미래를 향해 펼쳐진 미지의 풍경 속을 거닐었다. 수십 년의 세월이 흐른 지금 파트리스는 저자가 소설 속에 상상으로 풀어놓았던 것을 시각적으로 옮겨놓기 위해 같은 길을 따라가야 했다. 파트리스는 우리가 한 번도 보지 못한 세상을 창조함으로써,

우리가 책을 읽으면서 상상했던 이미지들을 스크린에 펼쳐줄 사람이라고 나는 믿었다.

《듄》의 팬들이 스크린에서 프랭크 허버트가 묘사한 우주를 알아봐 주는 것이 내게는 중요했다. 아니면 최소한 팬들이 《듄》의 정신과 영화가 깊이 연결되어 있다는 느낌만이라도 받기를 원했다. 우리는 최대한 소설의 내용에 충실하려고 애썼지만, 가끔 그 영역을 벗어났는지도 모르겠다. 그것은 원작에 대한 순수한 사랑에서 우러난 충동이었다. 소설을 큰 스크린에 옮겨놓으려면 어느 정도 변형이 필요하다. 반드시 그럴 수밖에 없다. 누군가의 작품이 지닌 시적인 느낌과 정수를 충실히 옮기려면, 가끔 그 느낌과 정수를 어느 정도 배신해야 한다. 그리고 나서 창의적으로 살아남기 위해 내린 그 결정들과 마음의 화해를 하는 수밖에 없다. 일단 사막에 발을 내딛었다면 멈출 수 없다. 계속 앞으로 나아가야 한다.

이 영화를 계획하고 촬영하면서 나는 프랭크 허버트의 말을 항상 마음 깊이 새겼다. 그러지 않았다면, 나는 이 뜨거운 상상과 이미지 속을 헤치고 나아갈 길을 끝내 찾지 못했을 것이다.

우리와 함께 일한 모든 예술가들과 파트리스의 작품을 즐겁게 감상해 주시기 바란다.

들어가는 말

브라이언 허버트, 케빈 J. 앤더슨

1957년에 프랭크 허버트는 소형 비행기 한 대를 빌려 오리건주 해안의 모래언덕 지대를 향해 날아갔다. 미국 농무부(USDA)가 실행한 연구 프로젝트에 대한 잡지 기사를 쓰기 위해서였다. 모래언덕 꼭대기에 척박한 땅에서 자라는 풀 종류를 심어 모래가 도로나 건물로 흘러내리지 않게 고정하는 방법을 개발한 연구 프로젝트였다. 프랭크 허버트는 기사에 '움직이는 모래를 멈춰 세우다'라는 제목을 붙일 생각이었다.

집으로 돌아와 기사를 쓰기 시작한 그는 단순한 잡지 기사보다 더 거대한 어떤 것을 손에 쥐었다는 사실을 깨달았다. 비행기를 타고 모래언덕을 내려다보는 동안 그의 감정이 움직였다. 모래언덕은 마치 대양의 파도 같았다. 타자기 앞에서 그는 눈을 감고 광대한 사막으로 이루어진 행성을 상상했다. 그러자 이슬람교의 구세주 같은 사막의 메시아가 말을 타고 있는 모습이 보였다. 추레한 옷차림으로 말과 낙타에 올라탄 군대가 천둥 같은 소리를 내며 그와 함께 사막을 달렸다. 그들의 지도자는 카리스마를 지녔으며, 자신을 따르는 사람들에게 광신적인 충성심을 불러일으킬 수 있는 인물이었다.

프랭크 허버트의 머릿속에서 이런 이미지들이 점차 커지고 넓어져서 마침내 이국적인 행성들로 구성된 우주가 통째로 새로 창조되었다. 그중 가장 중요한 것은 바로 사막 행성이었다. 유한한 자원인 '멜란지'라는 스파이스를 보유하고 있기 때문이었다. 제국 정부와 다(多) 은하 기업들이 전쟁도 불사하며 손에 넣으려 하는 자원이었다.

이런 이야기를 그려내려면 아주 큰 캔버스가 필요하다.

프랭크 허버트는 영화 <듄>을 누구보다 먼저 보았다. 서사적이고 영화적인 사건들이 그의 머릿속에서 펼쳐지고, 구세주가 등장하는 환상적인 환영들이 나타났다. 그는 이것들을 다듬어서 아마 시대를 통틀어 가장 큰 숭배를 받는 SF 소설을 만들어 냈다.

프랭크 허버트는 평생 카메라와 사진을 사랑했다. 특집기사 담당 기자, 포도주 담당 기자, 직업 사진가로 신문업계에서 일한 경험도 있다. 그는 주로 미국 서해안에서 허스트 계열 신문사들과 일했다. 세월이 흐른 뒤 맏아들 브라이언에게 글 쓰는 직업에 대해 조언하면서 그는 카메라 렌즈를 통해 바라보듯이 눈앞의 광경을 묘사하는 글을 쓰는 일이 재미있었다고 말했다.

그때 그가 예로 든 것이 《듄》에서 사악한 블라디미르 하코넨 남작을 처음 등장시키는 장면이었다. 창문이 하나도 없는 방의 어둠 속에서 "반지들 때문에 번쩍거리는 두툼한 손"이 미지의 행성 모형을 돌린다. 차츰 새로운 묘사가 등장하지만, 시각적인 묘사는 아니다. 저자는 먼저 목소리를 이야기한다. "행성 옆에서 키득거리는 웃음소리가 울려 퍼졌다. 그 웃음소리를 뚫고 나직한 저음의 목소리가……."

프랭크 허버트는 여전히 남작의 외모를 완전히 드러내지 않은 채, 야비한 그가 고결한 레토 공작과 아트레이데스 가문을 겨냥한 음모를 꾸미는 장면을 묘사한다. 나직이 으르렁거리는 듯한 차가운 목소리, 살기 어린 태도. 방에 함께 앉아 있는 파이터 드 브리즈와 페이드 로타 하코넨이 위협을 느끼고 겁에 질릴 정도다. 남작이 몸을 움직이는데도 그의 외모는 아직 선명하게 드러나지 않는다. 남작은 "행성 옆에서 몸을 움직였다. 그는 어둠 속의 그림자였다"고 묘사될 뿐이다.

이 장(章)이 끝날 때까지 저자는 독자에게 천천히 남작의 모습을 드러낸다. 카메라 렌즈의 조리개가 차츰차츰 벌어지는 것과 같다. 긴장된

분위기 속에서 3천 단어 분량이 지나간 뒤에야 마침내 남작의 외모에 대한 묘사가 나온다. "남작은 아라키스 행성 모형 옆의 어둠 속에서 벗어났다. 어둠 속에서 평면처럼 보이던 그의 얼굴과 몸은 이제 원래의 모습을 되찾았다. 그는 엄청나게 뚱뚱한 사람이었다. 검은색 로브의 주름 밑으로 무언가가 약간 튀어나와 있었다. 그의 몸에 붙은 비곗덩어리의 무게 일부를 지탱하고 있는 휴대용 반중력 장치였다."

《듄》은 대단히 생생하고 복잡하며 잘 짜인 이야기다. 혁신적인 아이디어와 믿을 수 없을 만큼 이국적인 풍경도 가득하다. 고전이 된 이 소설을 읽는 사람들은 누구나 머릿속에 영화 한 편이 펼쳐지는 듯한 경험을 한다. 저마다 폴 무앗딥, 레토 아트레이데스 공작, 레이디 제시카, 하코넨 남작, 짐승 라반, 던컨 아이다호, 거니 할렉, 투피르 하와트의 배역에 맞는 배우들을 상상하며…….

전에도 《듄》은 스크린에 옮겨진 적이 있었다. 1984년에 영화를 만든 데이비드 린치와 그보다 나중에 텔레비전 미니시리즈를 만든 존 해리슨은 각각 자신의 해석을 작품에 덧붙였다. 이 두 사람 이전에도 여러 감독들이 이 작품의 영화화를 시도해서 각각 어느 정도 진전을 이루었으나 끝내 완성하지는 못했다. 이들은 모두 행성 듄의 타는 듯 뜨거운 사막에 기꺼이 발을 내디딜 의욕이 있는 사람들이었다는 점에서 폴의 전임자다. 이 작품이야말로 감독의 솜씨를 크게 시험하는 무대라고 할 수 있다.

브라이언은 아버지가 처음 《듄》을 쓸 때의 집 안 분위기를 생생히 기억하고 있다. 아버지가 어머니에게 폴 아트레이데스라는 소년을 묘사한 구절을 읽어주던 기억이 그중 하나다. 이 소년은 가이우스 헬렌 모히암 대모라는 할머니가 독바늘을 그의 목에 대고 있는 가운데, 그 할머니의 강요로 정체를 알 수 없는 상자 속에 억지로 손을 넣어야 했다.

그 구절을 들으면서 브라이언은 그 장면의 극적인 분위기와 낯선 단어들에 넋을 잃었다. 곰 자바, 무앗딥, 패디샤 황제, 퀴사츠 해더락, 아라키스, 베네 게세리트. 그는 거칠고 신비롭게 울리는 그 단어들과 이름들에 빠져들었다. 아버지의 낭랑하고 힘 있는 목소리가 그 단어들을

매끄럽게 뱉어내고 있었다.

한참 시간이 흐른 뒤에야 브라이언은 그때 자신이 들은 것이 《듄》의 첫 장이었음을 깨달았다.

듄의 이야기가 처음 출간되고 반세기 넘는 세월이 흐른 지금도 전 세계 사람들이 이 이야기를 즐거이 읽고 우러러본다. 하지만 이제 곧 훨씬 더 많은 사람들이 이 이야기를 접하게 될 것이다.

이 영화를 기획한 레전더리 영화사와 연출을 맡은 드니 빌뇌브 감독에게, 프랭크 허버트의 걸작을 완벽하게 스크린에 옮기는 작업은 엄청난 도전이었다. 빌뇌브는 이전에 두 편의 SF영화를 만든 적이 있다. 〈컨택트〉(2016)와 〈블레이드 러너 2049〉(2017). 이 두 작품 모두 상상력의 팔레트로 그려낸 화려함을 자랑했다. 이제 〈듄〉은 프랭크 허버트의 골수팬도 실망하지 않을 대작 영화로서 빌뇌브 감독의 최고 작품이 될 것이다.

《듄》을 스크린으로 옮기려면 프랭크 허버트가 상상으로 그려낸 우주를 광대한 기초로 삼아야 한다. 빌뇌브는 프랭크 허버트의 첫 작품은 물론 속편 다섯 편(《듄의 메시아》, 《듄의 아이들》, 《듄의 신황제》, 《듄의 이단자들》, 《듄의 신전》)에서도 광범위한 자료를 얻었다. 이 여섯 편의 소설을 모두 합하면 무려 100만 단어가 넘고, 소설에서 다루는 세월도 5천 년이 넘는다.

이 원작 소설들 외에도, 우리는 듄의 역사와 인물들을 소재로 삼은 국제적인 베스트셀러 소설을 많이 내놓았다. 《듄》의 이야기가 시작되기 1만 년 전 버틀레리안 지하드와 대(大)학파들의 이야기를 다룬 작품에서부터, 5천 년 뒤의 대단원에 이르기까지 내용이 다양하다. 원래의 듄 전설에 또 수백만 단어의 이야기를 더해준 이 속편과 프리퀄은 레토 공작과 야비한 하코넨 남작의 충돌, 레토와 제시카의 로맨스, 폴의 탄생, 폴 무앗딥의 생애를 기록하여 역사를 전설로 바꿔놓은 이룰란 공주의 방대한 저작 등에 얽힌 뒷이야기를 들려준다.

1965년 처음 《듄》이 출판됐을 때부터 1976년에 《듄의 아이들》 (〈뉴욕타임스〉 베스트셀러 목록에 처음으로 등장한 SF소설)이 발표될 때까지, 그리고 이 작품들을 바탕으로 한 우리의 속편과 프리퀄이 발표되던 지난 20년 동안 독자의 수가 엄청나게 늘어났다. 세상도 많이 변해서 《듄》은 그 어느 때보다 생각을 더욱 자극하는 화제의 작품이 되었다.

세계는 드니 빌뇌브가 형상화한 〈듄〉을 열렬히 기다리고 있다. 이 책, 《듄: 예술과 영혼》에서 여러분은 영화제작 과정의 환상적인 장면들을 볼 수 있을 것이다.

10~11쪽: 칼라단의 공작가 묘지를 묘사한 콘셉트 그림.

아래: 〈듄〉의 세트장에서 드니 빌뇌브와 함께한 브라이언 허버트.

13쪽: 그레고리 맨체스가 그린 프랭크 허버트의 초상화.

THIS IS ONLY

THE BEGINNING

이것은 시작일 뿐

"《듄》의 플롯은 이만한 규모의 영화를
제작하는 과정만큼이나 복잡하고 정교하다."

프랭크 허버트의 《듄》에서 내가 가장 좋아하는 표현 중 하나는 "계획 속의
계획"이다. 이 말은 이 소설의 복잡하고 밀도 있는 줄거리를 간단히 요약해서
표현해 줄 뿐만 아니라, 영화제작 과정을 정확히 묘사하는 말이기도 하다.
러시아 마트료시카 인형처럼 영화제작 과정에는 눈에 보이지 않는 요소들이
존재한다. 그 요소들을 일일이 분해해 보기 전에는 그런 요소가 몇 개나
되는지조차 알 수 없다.

<듄>의 책임 프로듀서로서 나는 모든 제작회의와 미술 관련 결정
과정에 참여했다. 특히 드니 빌뇌브의 비전을 현실로 옮기는 것이 나의 첫
번째 과제였다. 프랑스계 캐나다인인 빌뇌브 감독과 나는 지난 5년 동안
아플 때나 건강할 때나 항상 함께 일했다. 처음에는 <컨택트>(2016)에서,
그다음에는 <블레이드 러너 2049>(2017)에서, 그리고 이번에는 <듄>에서.
나는 그의 창작 과정을 맨 앞줄에서 직접 보면서, 신선하고 지적이고 공감
가는 SF영화를 만들겠다는 그의 결의를 몇 번이나 목격했다.

프랭크 허버트의 소설을 화면으로 옮기는 것은 언제나 거대한 작업이다.
1965년에 나온 그 걸작 소설을 읽은 사람이라면 이 말을 이해할 것이다.

《듄》은 풍요로운 행성 칼라단에서 레토 아트레이데스 공작과 레이디
제시카의 아들로 태어나 자란 폴 아트레이데스의 이야기다. 레이디
제시카는 혈통을 통제하는 베네 게세리트 교단의 일원이기도 하다. 공작의
어린 후계자가 누리던 평화로운 삶이 깨진 것은 제국의 통치자인 황제가
아트레이데스 가문에 사막 행성 아라키스로 옮겨가라는 명령을 내렸기
때문이다. 듄이라고도 불리는 아라키스는 인간들이 알고 있는 우주 공간에서
유일하게 스파이스를 채취할 수 있는 곳이다. 사람의 정신에 영향을 미치는
스파이스는 우주여행에 반드시 필요한 예지력을 제공해 준다. 제국 내의
스파이스 거래는 우리 세계의 석유 산업과 비슷하다.

지난 80년 동안 아라키스의 지배자는 무자비한 하코넨 가문이었다.
그리고 그 덕분에 이 가문은 막대한 부를 축적했다. 블라디미르 하코넨
남작은 비대한 몸집만큼이나 잔인한 자인데, 이 행성이 최고의 적인
아트레이데스 가문의 손에 들어가는 것이 마땅찮다. 복수계획이 마련되고
있다. 한편 아라키스의 맹렬한 사막전사 부족인 프레멘은 폴을 '리산 알

가입'이라고 부른다. '외계에서 온 목소리'라는 뜻의 이 이름은 오래전 베네 게세리트가 심어둔 전설과 미신에서 나온 것이다. 이 믿음에 따르면, 어린 폴은 프레멘을 구원으로 이끌 구세주다. 폴은 처음으로 스파이스의 환영을 경험한 뒤, 어쩌면 예언이 사실인지도 모른다는 생각을 하게 된다. 레토 공작은 프레멘과 동맹을 맺으려고 시도하지만 너무 늦었다. 하코넨 가문이 공격하고 황제도 가세하자 아트레이데스 가문은 거의 궤멸될 지경에 이른다. 사실 황제는 처음부터 이 계획에 가담하고 있었다. 폴과 제시카는 적의 손에서 탈출해 깊은 사막으로 도망친다. 그리고 그곳에서 프레멘과 함께 새로운 여행을 시작한다.

과연 계획 속의 계획이다. 《듄》의 플롯은 이만한 규모의 영화를 제작하는 과정만큼이나 복잡하고 정교하다.

14~15쪽: 베네 게세리트 자매들이 칼라단에 도착하는 모습을 묘사한 콘셉트 그림.

16쪽: 〈듄〉의 세트장에서 드니 빌뇌브 감독.

위: 책임 프로듀서이자 이 책의 저자인 타냐 라푸앵트가 드니와 함께 의논하고 있다.

아래: 노르웨이에서 촬영을 마친 뒤 드니와 티모테 샬라메, 그레그 프레이저 촬영감독.

왼쪽: 스토리보드 아티스트 대릴 헨리가 드니와 함께 작업하고 있다.

오른쪽 위: 스토리보드와 콘셉트 디자이너 샘 후데키.

오른쪽 아래: BGI 서플라이즈의 스튜어트 히스와 프로덕션 디자이너 파트리스 베르메트가 드니와 함께 오니숍터 디자인에 대해 의논하고 있다.

평생의 꿈

이 영화의 탄생에는 뜻밖의 행운이 작용했다. 모든 것의 시작은 2016년 9월에 열린 베니스 영화제였다. 드니는 신작 영화 〈컨택트〉를 들고 와서 언론과 인터뷰를 하던 중, 프랭크 허버트의 《듄》을 영화화하는 것이 평생의 꿈이라고 한 기자에게 말했다. 이 말을 흘려듣지 않은 기자들 덕에 곧 여러 매체에 인터뷰 내용이 인용되었다. 그리고 그 덕분에 생겨난 갑작스러운 관심으로 우리는 그 책에 대해 이야기를 나누게 되었다. 당시 그는 내게 다음과 같이 말했다.

《듄》은 장대한 소설입니다. 위대한 책이에요. 복잡한 테마가 가득한 서사적인 SF드라마라서 영화화하기 참 어려운 이야기이긴 합니다. 10대 때 나는 이 책에 완전히 흘려 있었습니다. 관련된 책을 전부 읽었죠. 집에 《듄 백과사전》도 있었어요. 졸업반지 안쪽에는 '무앗딥'이라는 글자를 새기고, 졸업앨범에도 《듄》의 글귀들을

인용해 놓았을 정도입니다. 정말 좋아했어요.
이 소설의 핵심 테마는 종교와 정치의 교배입니다. 이 작품은 대중문화에 엄청난 영향을 끼쳤습니다. 나 역시 영화감독으로 활동하며 큰 영향을 받고 있습니다.
〈블레이드 러너 2049〉에서도 《듄》의 영향을 찾아볼 수 있을 겁니다. 더 정확히 말하자면, 니앤더 월러스의 사무실 규모, 스타일, 색채가 그렇습니다. 나는 사막 한복판에서 《듄》을 찍고 싶습니다. 마침 사막이 이 세상에서 내가 가장 좋아하는 장소거든요.

그로부터 2년 반이 채 되지 않아, 드니가 평생 품었던 꿈은 현실이 되었다.

뜻밖의 일

우리는 《듄》에 대한 드니의 열정이 바로 이 책의 영화화 판권을 따내려고 애쓰던 사람들의 주의를 끌었음을 곧 알게 되었다.

　프랭크 허버트의 원작 소설 팬인 프로듀서 메리 페어런트와 케일 보이터는 각각 국제 프로덕션 담당 부회장과 창작 담당 중역으로 레전더리 엔터테인먼트에 입사하기 몇 년 전부터 이 작품의 판권을 얻으려고 노력하고 있었다.

　메리는 이렇게 말한다. "비록 1960년대에 나온 작품이지만, 지금의 현실과도 믿을 수 없을 만큼 잘 어울리는 이야기라는 생각이 들었어요. 테마를 보면, 이 책은 현재 우리 사회가 생태적으로 파산한 세상, 부패, 요동치는 정치적 유사(流砂) 앞에서 직면한 도전을 묘사하고 있습니다. 이러한 테마들의 중심에는 새로운 세상에서 길을 찾아 나아가려고 애쓰는 청년의 성장기가 담겨 있고요."

　허버트 이스테이트와의 대화는 2012년부터 시작되었다. 케일은 이렇게 회상한다. "우리는 판권을 잡기 위한 오디세이를 시작했어요. 2016년에 레전더리에 입사한 뒤 우리에게 직접 전선에 나서서 이 영화의 제작에 우선순위를 두어도 좋다는 허락이 떨어졌습니다."

　프랭크 허버트의 장남인 브라이언 허버트와 손주인 바이런 메릿, 킴 허버트가 운영하는 프랭크 허버트 이스테이트는 《듄》의 영화화 판권을 원하는 대형 할리우드 영화사들의 구애를 받고 있었다.

　2015년 2월, 브라이언은 아내 잰과 함께 로스앤젤레스로 가서 레전더리 영화사와 이야기를 나눴다. 브라이언은 이렇게 회상한다. "이야기가 아주 잘 진행되었습니다. 그러나 다른 영화사들도 관심을 보였기 때문에 이스테이트 측은 중요한 결단을 내려야 했죠. 프랜차이즈로서 《듄》의 미래를 좌우할 결단이었습니다." 이듬해 9월, 드니가 이 소설을 바탕으로 한 영화를 연출하는 것이 평생의 꿈이라고 밝히자 허버트 이스테이트는 흥미가 생겼다. "아직 영화사를 통해 작업하는 단계가 아니라서 우리가 그와 직접 연락하지는 않기로 했어요." 브라이언의 말이다.

왼쪽 위: 부다페스트의 세트장에서 편집 담당자 조 워커와 대화 중인 드니 빌뇌브.

왼쪽 아래: 아랍에미리트 사막의 촬영장에서 시각효과 담당자 폴 램버트.

오른쪽: 베네 게세리트의 도착 장면을 위해 조명과 빗줄기 효과 장비를 설치하는 촬영팀.

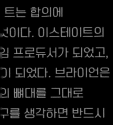

트는 합의에
···이다. 이스테이트의
···임 프로듀서가 되었고,
···이 되었다. 브라이언은
···의 뼈대를 그대로
···구를 생각하면 반드시

···, 일주일 뒤 그가
···에 앉아 있는 것을 믿을
··· 함께 참석했던 케일의

···까지 몇 년이나
···니. 그런 일은

··· 프랭크 허버트의
···하고 있다는 걸 알게
···련락해 상황을 알리자,
······으로 동의했다.
···아트레이데스의
···었다. "장애물이 높고
···습니다. 따라서 드니
···리는 이렇게 말했다.

작은 한 걸음, 거대한 도약

2017년 초, 드니는 프랭크 허버트의 복잡하고 눈부신 소설을 각색하는
엄청난 작업에 착수했다. 드니는 2011년에 아카데미 최우수 외국어영화상
후보에 오른 캐나다 영화 〈그을린 사랑〉 이후로 시나리오를 처음부터 써본
적이 없었다. 그는 다시 글을 쓰게 된 것이 반가우면서도 함께할 동료가
있으면 좋겠다고 생각했다. 그래서 아카데미 수상 경력이 있는 시나리오작가
에릭 로스에게 손을 내밀었다. 〈포레스트 검프〉(1994), 〈알리〉(2001),
〈뮌헨〉(2005), 〈벤자민 버튼의 시간은 거꾸로 간다〉(2008), 〈스타 탄생〉(2018)
의 시나리오 작업에 참여했던 로스는 프랭크 허버트가 쓴 걸작의 팬이기도
했으므로, 드니의 요청을 즉시 받아들였다.

　　"어렸을 때 《듄》을 읽었는데, 그 작품 속의 신화가 내 상상력에 불을
붙였어요. 브루클린 베드퍼드-스타이버선트에 살던 나와는 아주 멀리
떨어진 어느 우주의 이야기를 읽으며 꿈을 꿀 수 있었습니다. 드니처럼
뛰어난 창작자에게서 함께 작업하자는 요청을 받는 것은 작가에게 무지개
끝에 있다는 황금단지와 같아요." 에릭 로스는 이렇게 말했다.

　　2017년 4월 말에 브라이언 허버트는 에릭과 여러 통의 이메일을
교환했다. "에릭은 《듄》이 자신에게 어떤 의미인지, 그리고 이 영화
프로젝트에 대해 어떤 비전을 갖고 있는지를 설명한 장문의 이메일을
이스테이트로 보냈습니다." 브라이언은 이렇게 회상한다. 얼마 뒤 두 사람은
각색 과정에 대한 논의를 시작했다. "에릭은 자신이 프랭크 허버트의 걸작을
사랑하며, 드니와 함께 내 아버지의 이야기를 최대한 그대로 살리는 작업을
할 것이라고 내게 확언했어요." 브라이언이 말이다.

2017년 여름에 드니는 로스앤젤레스에서 <블레이드 러너 2049>의 후반작업을 하고 있었다. 그는 토요일마다 아침 일찍 에릭을 만나 음료를 마시면서(드니는 에스프레소, 에릭은 다이어트 콜라) 이야기를 나누곤 했다. 두 사람은 아트레이데스 가문 이야기의 영화적 잠재력, 그 가문이 아라키스로 가는 여정, 젊은 후계자의 운명에 대해 장시간 토론했다.

에릭은 나와 주고받은 편지에서 이 공동창작 과정과 관련해 드니와의 독특한 관계를 다음과 같이 요약해서 설명했다.

> 드니는 조용하고 생각이 깊은 사람인 반면, 나는 천사들이 걸음을 내딛기 두려워하는 곳으로 냅다 달려드는 고삐 풀린 망아지 같은 면이 조금 있습니다.
>
> 우리는 별을 향해 함께 손을 뻗는 심정으로 뜻을 모았습니다. 드니는 우리가 이제부터 창조할 이 새로운 세계에 대한 꿈을 나와 기꺼이 공유했죠. 내 말에 귀를 기울이고 가늠해 보고 혹시 내가 형편없는 아이디어를 내놓거나 너무 멀리 나간 소리를 하더라도 비판한 적이 한 번도 없습니다……. 오히려 항상 더 멀리 나아가 독특하고 놀라운 이야기를 해보라고 나를 격려해 주었죠. 하지만 소년 폴이 삶의 여정에서 느끼는 감정이 바로 이 책의 영혼임을 결코 잊으면 안 된다는 말도 빠뜨리지 않았습니다.

내와 노충에 에릭은
단어를 하나만 고른다
대답했다. 그는 강력한
"그들은 번식의 힘뿐만
있습니다." 드니는 이렇

드니는 베네 게세리
줄 안다고 설명한다. "
남성이고, 그들은 순간
다르게 인식합니다. 몇
관점에서 전략을 짜죠
그들은 당장의 결과보
영향력으로 세상을 이

작업 초기이던 당시
편을 만들기로 결정했
그 세계를 촘촘하게 혹
소설이 다루는 정치, 종
수 있었다. 소설 속 이
편에 속했다. 그보다는
것인지가 더 복잡한 둔
폴과 제시카가 목숨을

"(드니는) 복잡한 플롯을 서둘러
걸렁뚱땅 전개하기보다,
그 세계를 촘촘히 확립하고 싶어했다."

마무리하기로 결정했다.

허버트 이스테이트의 브라이언 허버트 팀은 대본을 검토한 뒤, 프랭크 허버트의 《듄》에 충실한 작품을 만들기 위한 권고 사항을 보냈다. 이스테이트와 레전더리 영화사는 그 뒤로도 시나리오 개발 과정에서 많은 편지를 주고받았습니다." 브라이언의 말이다.

처음부터 에릭이 첫 초고를 작성한 뒤 다른 사람에게 넘겨주는 것이 계획이었다. 초고를 보고 많은 아이디어를 떠올린 드니는 그것을 바탕으로 작업하면서 영화감독으로서 자신의 비전을 녹여 넣었다. 그러나 그것만으로 시나리오가 완성된 것은 아니었다. "여러 사람이 머리를 맞댄 뒤에야 이야기의 실마리가 풀렸습니다." 드니는 이렇게 말했다.

작품과 씨름하다

소설의 가장 뛰어난 장점들 중 일부가 영화를 만드는 데 장애물이 된다는 사실이 얼마 지나지 않아 분명해졌다. 《듄》을 붙잡고 씨름한 영화감독들의 선례가 있어 드니에게는 놀라운 일이 아니었다. 1970년대에 칠레계 프랑스인 감독 알레한드로 조도로프스키가 허버트의 소설을 영화화하려고 시도했다. 그는 기념비적이고 흥미진진한 영화를 꿈꿨으나, 웅장한 규모 때문에 막대한 지출이 발생하는 바람에 그 작품은 끝내 빛을 보지 못했다.

10년 뒤 데이비드 린치가 처음으로 《듄》을 스크린에 살려내는 데 성공한 감독이 되었다. 그가 1984년에 카일 매클라클런을 폴 아트레이데스 역으로

기용해서 야심차게 만든 영화는 세월이 흐르면서 골수 열성팬을 만들어 냈다.

《듄》이 3부작 텔레비전 시리즈로 제작된 적도 있었다. 이 작품은 <프랭크 허버트의 듄>이라는 제목으로 2000년에 SCI-FI 채널에서 처음 방영되었다. 《듄》 팬들은 이 작품을 아주 좋아했으나, 20년 가까운 세월이 흐른 시점에서 드니와 레전더리의 제작팀은 이 이야기를 새롭게 영화로 제작할 만한 때가 되었다고 판단했다. 어쩌면 결정판을 만들 수 있을 것 같기도 했다.

드니는 작업을 시작하는 순간부터 과거의 이 두 작품을 전혀 참고하지 않을 것이라고 분명히 밝혔다. 레전더리 영화사도 새로운 시각이 필요하다는 데에 동의했다. 그들은 현재의 관객과 공명할 수 있는 영화를 만들어야 했다.

2018년에 몬트리올에서 시나리오 작업을 하던 드니는 미로 같은 소설 속 이야기를 영화 관객들이 쉽게 이해할 수 있게 만드는 일을 도와달라고 존 스페이츠(<프로메테우스>, <닥터 스트레인지>)에게 부탁했다. 스페이츠도 어렸을 때부터 《듄》의 팬이었다. "내가 처음 《듄》을 읽은 게 아마 열두 살이나 열세 살 때였을 겁니다. 다른 책에서 보지 못한 장엄한 로맨스와 지적인 이야기가 거기 있더군요. 정말로 심오한 이야기인 것 같았습니다. 나는 그 뒤로 오랜 세월 동안 매년 여름마다 그 책을 다시 읽었어요. 내가 창작하는 사람으로서 성장하는 데 이정표 같은 작품입니다. 《듄》의 팬 모두를 대신해서 이 소설의 신화를 충실히 되살려 이 책을 기려야 한다는 의무감이 생겼습니다." 존은 이렇게 말했다.

《듄》을 영화로 각색할 때 가장 핵심적인 문제는 뭐니 뭐니 해도 역시
그 광대한 스케일이다. 허버트의 광대한 우주, 그 안의 행성들, 기술, 문화,
전쟁이 모두 대본에 반영되어야 했다. 존은 이렇게 설명한다. "원래 소설은
영화보다 광대합니다. 그리고 《듄》은 분량으로도, 이야기 속 세계의
규모에서도 거대한 소설이에요."

또 다른 문제는 폴 아트레이데스의 통찰력을 보여주는 내면의 대화를
어떻게 화면으로 옮길 것인가 하는 점이었다. 존은 이렇게 말한다. "생생한
이미지들이 많은데도, 이 소설의 초점은 내면에 맞춰져 있습니다. 아이디어,
정신적인 독백, 대화 같은 것들. 영화와는 거리가 멀죠." 책은 흡인력이
있지만, 극적인 사건들은 사후에 등장인물의 입을 통해 묘사될 때가 많다.
하지만 극장의 관객들은 스크린 밖에서 일어난 일에 대한 이야기를 듣기보다
액션을 실제로 보고 싶어 한다.

존은 다음과 같이 설명한다.

기억에 남을 만한 장면들이 한 장소에서 길게 이어집니다. 폴
아트레이데스가 한 방을 차지한 가운데, 다른 인물들이 차례대로
등장해서 그와 이야기를 나누는 식으로. 마치 무대에서 펼쳐지는
연극 같죠.

강렬한 액션은 장과 장 사이의 틈새에서 벌어지기 일쑤예요.
아트레이데스 가문이 칼라단을 떠날 준비를 하는 장면에서 페이지를
넘기면, 벌써 그들이 아라키스에서 짐을 풀고 있습니다. 그새
은하를 절반쯤 가로질러 온 거예요. 운명적인 밤에 아트레이데스
가족이 잠자리에 드는 장면에서 페이지를 넘기면, 또 벌써 그들이

포로가 되어 있어요. 하코넨의 침략은 끝난 뒤고요. 이 두 장면
사이에 벌어진 사건들은 나중에 회상과 풍문을 통해 묘사됩니다.
이런 패턴이 계속 반복돼요.

《듄》을 영화로 만드는 것은 어떤 의미에서 소설의 안팎을
뒤집는 일과 같습니다.

그동안에도 허버트 이스테이트에는 시나리오 수정본들이 계속 도착했다.
브라이언 허버트, 케빈 J. 앤더슨, 바이런 메릿이 그 원고들을 검토한
뒤 의견을 제시했다. 존은 소설과 대본을 오가며 소설에 드러나지 않은
이야기를 표현하기 위해 시각적인 장면들을 새로 만들어 냈다. 드니와 존은
2018년 내내, 그리고 촬영이 시작된 2019년까지도 몬트리올, 로스앤젤레스,
부다페스트(영화의 많은 장면이 여기에서 촬영되었다)에서 긴밀하게
공동작업을 했다.

미래의 비전

어릴 때부터 듄을 상상해 온 드니는 이 작품 속 세상에 대해 아주 선명한
비전을 갖고 있었다. 이제 그에게 필요한 것은 그의 머릿속 이미지들을
종이에 그림으로 옮겨줄 사람이었다. 그 사람들을 구하는 것이 그의 비전을
스크린으로 이끌어 줄 첫 단계였다. 여느 때처럼 드니는 콘셉트 디자이너
겸 스토리보드 아티스트인 샘 후데키에게 도움을 청했다. 그는 영어로 찍은
드니의 모든 영화에서 함께 작업한 사람이었다. 드니는 이렇게 설명한다.
"샘은 내 비밀무기예요. 창작이라는 관점에서 그와 나는 아주 친밀한
관계이기 때문에, 나는 내 본연의 모습을 지키면서 실수를 두려워하지 않을

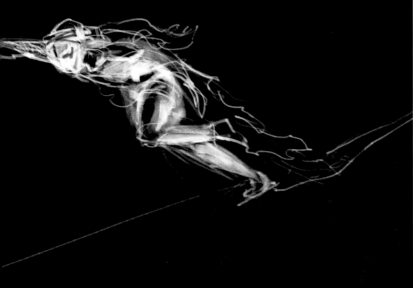

수 있습니다." 이런 관계가 때로는 막다른 길에 다다를 수도 있지만, 창작의 자유 덕분에 아주 뛰어난 아이디어가 모습을 드러내기도 한다.

〈듄〉의 세계를 창조하는 작업이 시작된 이 시기에 샘은 먼저 이야기의 구조, 등장인물의 생활 방식, 이 프로젝트의 전체적인 분위기에 맞는 이미지들을 스케치했다. 드니는 이렇게 말한다. "그 덕분에 나는 이 영화의 뿌리로 되돌아가 내가 말하고 싶은 이야기의 정수를 찾아낼 수 있었습니다." 이 작업에서 가장 먼저 만들어진 이미지는 사막 전사였다. 샘은 이렇게 말한다. "그것이 탐색을 향한 첫 걸음이었죠. 프레멘이 모래 속에서 뛰어나오는 그림이었습니다. 이것이 나의 가장 중요한 기억 중 하나예요. 언덕을 내려가며 돌진하는 이 전사의 모습."

이 그림에는 아라키스에서 느끼는 고립감에 대한 드니의 집착이 반영되었다. 드니는 이렇게 말한다. "조금 우울한 분위기가 있죠. 사막의 광대함이 인간들과 이 등장인물들을 압도합니다." 그는 샘과 함께 이 그림들을 다듬어서 콘셉트 아티스트 디크 페랑에게 넘겨주었다.

"디크와 함께 이 영화의 시각적인 알파벳을 정했습니다. 그는 새로운 세상을 자세히 그리고, 거기에 딱 맞는 색채와 분위기를 덧붙이는 솜씨가 일품입니다." 드니의 회상이다.

디크는 〈블레이드 러너 2049〉에서 드니와 함께 작업하며, 그의 생각에 능숙하게 초점을 맞추는 재주를 터득했다. 디크는 이렇게 설명한다. "드니는 자신이 무엇을 원하는지 알고 있어요. 그가 직접 연필을 쥐고 그림을 그릴 수 있다면 우리가 필요하지 않겠죠. 우리는 일종의 수단입니다."

드니와 마찬가지로 프랑스계 캐나다인인 파트리스 베르메트도 일찍부터 팀에 합류했다. 프로덕션 디자이너로 아카데미 후보에 오른 적이 있는

파트리스와 드니는 오랜 친구 사이로, 〈에너미〉(2013), 〈프리즈너스〉(2013), 〈시카리오〉(2015), 〈컨택트〉에서 함께 작업했다. 드니는 이렇게 말한다. "파트리스는 건축 지식에 해박하고 나와 마찬가지로 혁신을 좋아합니다." 두 사람은 서로 굳이 이야기를 나눌 필요도 없이 영화를 설계했다. 이는 별로 과장된 표현이 아니다. 두 사람은 SF, 미니멀리즘, 순수한 디자인에 대해 같은 생각을 갖고 있다. 파트리스는 이렇게 말한다. "너무 복잡한 세트는 마음에 들지 않아요. 약간 알레르기 반응을 일으킬 정도죠. 드니도 마찬가지예요. 세트에 너무 많은 걸 집어넣는 것이 때로는 불안감의 반영일 수 있습니다."

콘셉트 아티스트 조지 헐은 〈블레이드 러너 2049〉에서 스피너를 비롯한 여러 탈것들을 디자인했다. 드니는 그에게 〈듄〉의 각종 비행 기계들을 완전히 새로 디자인하는 작업을 맡겼다. 조지는 이 영화에서 여러 건의 디자인에 참여했으나, 아라키스의 상징적인 비행 기계인 오니숍터 세 종류를 디자인하는 데 주로 힘을 쏟았다. 조지는 이렇게 썼다. "〈듄〉과 관련해서 내가 드니와 맨 처음 만난 곳은 몬트리올의 어느 커피숍이었습니다." 〈블레이드 러너 2049〉의 사전작업 중에 드니는 '잔혹함'이라는 단어를 디자인 지침으로 삼으라고 팀에 일렀다. 〈듄〉의 디자인 지침은 '우울함' 이었다. 조지는 이렇게 말한다. "이 말을 듣고 내 상상력에 불이 붙었죠. 드니는 자신이 찍은 영화에 늘 자신의 지성과 사상을 담는 사람입니다. 나는 개인적으로 SF 장르에서 그런 영화를 보고 싶은 소망이 있어요."

시간이 흐르면서 더 많은 아티스트들이 합류해 프랭크 허버트의 세계를 시각적으로 옮기는 작업에 동참했다. 촬영 준비를 마칠 때까지 파트리스의 미술팀은 상세한 콘셉트 그림과 영화의 모든 측면에 대한 참고자료를 모은

왼쪽: 모래 속에서 뛰어나오는 프레멘 전사를 묘사한 첫 스케치.

오른쪽: 레토 공작의 집무실에서 촬영 중 모니터로 티모테 샬라메의 연기를 지켜보는 드니.

300페이지 분량의 문서를 만들었다. 그때부터 모든 팀원이 그 문서를 기준 삼아 예술적으로 똑같은 목표를 추구하게 되었다.

촬영감독 그레그 프레이저는 드니가 첫 번째로 점찍은 사람이었다. 드니는 <제로 다크 서티>(2012)와 <막달라 마리아>(2018)에서 그의 솜씨를 본 뒤로 줄곧 그레그와 함께 일하고 싶어 했다. 드니는 이렇게 설명한다. "그레그는 자연스러운 빛을 담아낼 뿐만 아니라 그 빛을 재창조하는 데에도 대가의 솜씨를 보여줍니다. <듄>은 자연과 생태계에 관한 영화죠. 따라서 그레그가 최대한 실제와 가까운 빛을 화면에 담아 그 친숙함으로 관객의 공감을 끌어내는 것이 몹시 중요했습니다."

촬영 현장의 상황이 녹록지 않다는 점을 감안하면 그레그가 직접 카메라를 움직인다는 사실이 우리에게는 자산이 되었다. 그레그는 이렇게 말한다. "이 기회를 놓치면 안 될 것 같았습니다. 너무나 아름답고 깊은 세계를 담는 작업이라서."

드니는 의상에도 리얼리즘이 최대한 반영되기를 원했다. <레버넌트: 죽음에서 돌아온 자>(2015) 등 많은 영화에서 활약한 재클린 웨스트가 밥 모건과 함께 의상 디자인을 맡았다. 모건은 생애 처음으로 공동 디자이너가 되어 팀에 합류했다. 드니는 이렇게 설명한다. "재클린은 SF가 아니라 역사극 의상으로 유명합니다. 그래서 그녀와 함께 작업하고 싶었습니다. 진짜 같은 느낌을 원했으니까." 재클린과 밥은 이 영화를 위해 200종이 넘는 특수 의상을 만들었다. 재클린은 이렇게 말한다. "밥이 함께하지 않았다면 이 일을 해낼 수 있었을지 모르겠네요. 정말 놀라운 공동작업이었습니다. 밥은 이 영화에 필요한 전문성을 모두 갖추고 있었어요."

드니는 시각효과 전문가 폴 램버트에게도 연락했다. <블레이드 러너 2049>에서 드니와 함께 작업한 폴은 그 영화로 생애 처음 2회 연속 오스카를 수상하는 성과를 거뒀다. 그때 폴과 공동수상한 특수효과 전문가 게르트 네프저는 <듄>의 현장 효과감독을 맡았다. 칼라단에 내리는 비나 아라키스의 먼지폭풍이 네프저의 책임이었다. 게르트는 이렇게 회상했다. "조 카라치올로 프로듀서가 전화로 <듄> 작업에 참여할 생각이 있는지 물었어요. 드니 빌뇌브가 감독을 맡았다는 말을 들으니 거절할 수 없더군요. 드니는 자신이 무엇을 원하는지 잘 아는 사람이라 뭔가 마음에 들면 즉시 그렇다고 말해줍니다. 내가 오스카를 수상하는 데 그의 덕을 많이 봐서 늘 감사한 마음이에요. 그가 원하는 것이라면 무엇이든 해줄 작정입니다."

그 밖의 팀원들 중 스턴트감독 톰 스트러더스는 크리스토퍼 놀런 감독의 영화에 많이 참여했다. 무술감독은 로저 위안이 맡았다. 과거 영화에서 드니와 긴밀하게 작업했던 사람들, 예를 들어 소도구 담당인 더그 할로커, 헤어와 메이크업 디자이너 도널드 모웟, 사운드 에디터 마크 맨지니와 테오 그린, 편집 담당 조 워커 등이 합류하지 않았다면 창작을 맡은 팀의 핵심이 완성되지 못했을 것이다.

마지막으로 작곡가 한스 치머가 있다. 사실 이 존경받는 거장은 영화 <듄> 프로젝트가 공식적으로 발표되기도 전에 드니가 가장 먼저 이 영화에 대해 이야기한 사람 중 한 명이었다. 한스도 옛날부터 소설 《듄》을 좋아해서 오래전부터 이 소설을 바탕으로 한 영화의 음악을 작곡하고 싶다는 꿈을 품고 있었다. 드니는 그와 다시 작업할 수 있게 되었다는 생각에 몹시 기뻐했다. "<블레이드 러너 2049>에서 한스와 함께 음악 작업을 한 거이 내 평생 예술적으로 가장 아름다운 순간 중 하나였습니다. 그의 창조적인 모습은 내게 깊은 감동을 줍니다."

현실보다 더 거창한 세트

우리는 사전작업을 시작하기 위해 2018년 11월 3일 헝가리에 도착했다. 부다페스트의 오리고 스튜디오가 우리의 촬영 기지였다. 이곳은 그로부터 2년 전 〈블레이드 러너 2049〉를 촬영한 장소이기도 하다. 그만큼 우리가 잘 아는 곳이었으므로, 현지의 작업자들과 다시 힘을 합칠 수 있게 된 것이 반가웠다. 그곳에서 9개월 동안 작업할 예정이었으므로 우리에게는 다행이었다.

공식적인 실제 촬영은 넉 달 뒤인 2019년 3월 18일에 시작되었다. 다섯 개 방음 스튜디오를 활용한 45개 이상의 세트가 지어졌고, 여기에 다목적 야외 촬영장도 있어서 밤과 낮의 장면을 모두 찍을 수 있었다. 파트리스는 야외 촬영장 중 꽤 넓은 공간에 포장을 깔고 색을 칠한 뒤, 모래 색깔 막을 둘러치게 했다. 이 막이 시각효과에서 중요한 역할을 할 예정이었다. 이곳을 아라킨시(아트레이데스 가문의 중심지) 외곽의 우주공항에서부터 아트레이데스 레지던시의 뜰에 이르기까지 다양한 장소로 변환하는 작업 일정이 꼼꼼하게 마련되었다. 우리는 이 야외 촬영장을 스무 개가 넘는 장소로 변신시키면서 알뜰하게 활용했다.

하지만 아라키스에서의 스케일 큰 장면들을 찍으려면 더 넓은 공간이 필요했다. 팀원들은 창의력을 발휘해서 방음 스튜디오들 사이, 촬영 관련 차량들이 오가거나 주차 공간으로 쓰이는 야외 공간에 세트장을 짓기 시작했다. 팀원들은 이 넓은 땅을 깨끗이 치운 뒤, 장비를 이용해 벽을

뚝딱 만들고 바닥에는 모래를 두껍게 깔았다. 이 세트장에는 지붕이 필요했으므로, 한 방음 스튜디오에서 다른 방음 스튜디오까지 주문 제작한 천을 팽팽하게 덮어서 천장을 만들었다. 임시변통으로 만든 이 천장 덕분에 우리는 널찍한 출입구나 커다란 채광창을 통해 세트장 안으로 들어오는 자연광을 이용해 실내 장면을 성공적으로 촬영할 수 있었다.

부다페스트는 우리 베이스캠프였지만, 유일한 촬영지는 아니었다. 5개월이 넘는 촬영 기간 동안 우리 팀은 요르단, 아부다비, 노르웨이를 거쳐 캘리포니아까지 날아갔다. "돌아다닌 지역만 보면 확실히 내가 참여한 영화 중 가장 야심찬 작업이었습니다." 지금까지 40편이 넘는 영화에 참여한 프로듀서 조 카라치올로의 말이다. 헝가리에서 300~400명이 영화 촬영을 하는 중에도 요르단에서는 전 세계에서 온 1천여 명의 사람들이 제작팀에 합류하고 있었다. 조는 이렇게 회상한다. "우리는 기본적으로 사막에 베이스캠프 역할을 할 이동형 도시 두 개를 지었습니다. 하나는 요르단 군대가 감시하는 모래언덕 지역에, 다른 하나는 와디 럼 사막 한복판에. 아주 멋졌죠."

모든 작업이 순조롭게 진행되었지만, 요르단에서 촬영하는 한 달은 몹시 힘들었다. 모래폭풍, 빡빡한 스케줄, 수많은 이동 등을 감내하면서 쉴 새 없이 영화를 찍어야 했기 때문이다. 현지 라인 프로듀서 푸아드 칼릴은 10년 전 〈그을린 사랑〉에서 드니와 함께 일한 적이 있었다. 그는 가족 같은 사이이자, 촬영이 아무런 문제 없이 매끄럽게 진행되게 해준 든든한 협력자이기도 했다. 그중에는 요르단의 군용 헬리콥터 세 대를 동원해 여러 차례 공중촬영을 하기 위해 요르단 군부의 협조를 구하는 일도 포함되었다. 이 공중촬영으로 마치 새가 지상을 내려다보는 것 같은 장면이 만들어졌다.

아래: 아트레이데스 가문이 아라키스에 도착하는 장면은 부다페스트 오리고 스튜디오의 야외 촬영장에서 찍었다.

"우리는 기본적으로 사막에
베이스캠프 역할을 할 이동형 도시
두 개를 지었습니다."

조 카라치올로, 프로듀서

사막에서는 시간이 무엇보다 중요했다. 계획대로 일을 진행하려면 모든 팀이 긴밀하게 협력해야 했다. 무엇보다 중요한 것은 감독과 촬영감독이 서로 협력해서 촬영장 내 여러 지역에서 펼쳐지는 수많은 장면을 제대로 찍는 일이었다. 조는 이렇게 회상한다. "드니와 그레그가 효율적이고 유기적으로 함께 일하는 모습이 환상적이었습니다." 한번은 특정한 장소를 그늘 속에서 찍어야 했기 때문에 하루가 저물 무렵 서너 시간 안에 촬영을 마쳐야 할 때가 있었다. 드니와 그레그는 그 짧은 시간 동안 잠시도 쉬지 않고 카메라를 돌렸다. 그들은 꼬박 하루분에 해당하는 약 20신을 절반도 안 되는 시간 안에 해낼 때가 많았다. 레전더리의 실질 제작 담당 중역인 허브 게인스는 이렇게 말한다. "스케줄을 워낙 야심차게 짜서 걱정이 많았습니다. 그 스케줄을 결재할 때부터 매일 촬영이 한 치의 어긋남도 없이 완벽하게 이루어져야 한다는 사실을 알고 있었죠. 그런데 우리는 원하는 것, 그 이상을 성취했습니다."

요르단의 풍경은 훌륭했다. 거의 신비롭게 보이는 바위 지형들은 일부 사막 장면에 딱 알맞았다. 그러나 촬영팀에게는 모래언덕이 한없이 구불구불 펼쳐진 풍경 또한 필요했다. 우리는 아부다비에서 약 두 시간 떨어진 곳에서 그런 장소를 찾아냈다. 소수의 팀원들이 그 멋진 풍경 속에서 중요 등장인물들이 걷는 장면을 촬영하기 위해 아랍에미리트로 날아갔다. 프로듀서 메리 페어런트는 이렇게 말한다. "책의 제목부터 《듄》이잖아요. 그러니 반드시 사막으로 나가서 카메라를 돌려야죠."

우리가 아부다비에 도착한 것은 7월 말이었다. 촬영팀은 극단적인

더위를 예상하고 새벽녘과 해 질 녘에만 촬영하는 스케줄을 짰다. 낮에는 고통스러울 정도로 더워서 무거운 장비를 들고 모래언덕을 오르내리기가 불가능했다. 최악의 더위를 피해 우리는 동이 트기 전에 하루를 시작할 예정이었다. 그 새벽에도 이미 기온은 섭씨 38도 가까이 올랐다. 우리는 차를 몰고 사막으로 나가서 해가 뜨기를 기다려 몇 시간 동안 촬영했다. 그러고는 호텔로 돌아와 오후까지 자다가 다시 사막으로 나가 해가 질 때까지 촬영하는 일정이었다. 조는 이렇게 회상한다. "팀원들이 아주 협조적이었습니다. 그런 식으로 촬영하는 경우는 많지 않을걸요." 듣기만 해도 힘들 것 같다면, 내가 할 수 있는 말은 우리가 휴가를 즐기러 간 것이 아니었다는 것뿐이다. 그러나 그렇게 힘든 여건에서도 숨 막힐 만큼 아름다운 장면들을 담아낼 수 있어 굉장히 만족스러웠다.

우리의 마지막 일정은 짧은 노르웨이 여행이었다. 거기서 우리는 폴 아트레이데스 역을 맡은 티모테 샬라메와 함께 칼라단의 실외 장면을 찍었다. 숲이 울창한 산과 들쭉날쭉한 해안이 있는 노르웨이는 아라키스의 건조한 환경과 완전히 대조적이었다. 우리는 2019년 8월 5일 밤 10시에 폴 아트레이데스가 바다 너머로 지는 해를 바라보는 장면을 끝으로 촬영을 마쳤다.

이듬해에 우리는 로스앤젤레스에서 몇 시간 거리인 모하비 사막과 빅베어 숲 등 여러 곳에서 추가 장면을 찍을 예정이었다. 로스앤젤레스는 후반작업 때의 베이스캠프였다. 2020년 8월에는 추가 촬영을 위해 부다페스트에도 다시 다녀왔다.

이제 스파이스를 조금 섭취하고 시간을 거슬러 올라가 보자. 영화제작이 시작되고 카메라가 돌기 이전으로, 이 이야기가 아직 대본과 촬영과 관객을 기다리는 꿈에 불과하던 때로. 이제부터 내가 여러분에게 <듄>의 세계를 소개하겠다. 그 안의 행성들과 문화, 그리고 이 영화를 최대한 진짜처럼 만들기 위해 우리가 기울인 예술적인 노력을 보게 될 것이다.

CALADAN

칼 라 단

30~31쪽: 칼라단 성의
콘셉트 그림.

위: 절벽 위에 서 있는 칼라단
성을 그린 초기 일러스트.

아래: 밤에 폴이
아트레이데스 병사들에게
에워싸인 모습을 묘사한
콘셉트 그림. 영화에는
나오지 않는 장면이다.

33쪽: 우주에서 본 칼라단
행성 일러스트. 시각적
참고자료다.

"폴 아트레이데스는 아주 안락한 행성
출신이에요. 너무 춥지도 너무 덥지도 않고,
향수가 가득한 곳이죠."

파트리스 베르메트, 프로덕션 디자이너

〈듄〉의 세계를 구축하는 데 강한 영향을 미친 것은 자연이었다. 여기에는
또한 이 이야기의 핵심 테마, 즉 새로운 환경에 적응해서 삶을 지속적으로
이어나가려는 인류의 시도라는 테마가 반영되었다. 예를 들어, 칼라단에
있는 아트레이데스 성의 디자인은 벌집 모양에서 아이디어를 얻었다. 그래서
육각형이 패턴을 이룬다. 파트리스 베르메트는 이렇게 설명한다.
"육각형들이 잘 어우러져 있어요. 우리는 성을 산속에 배치해서
아트레이데스 가문이 자연에 섞이려 하는 이야기를 전달할 수 있었습니다.
자연과 융합되는 프랭크 로이드 라이트의 폴링워터 주택과 같습니다."

드니는 콘셉트 그림을 나중에 화면에서 보고 싶은 이미지의 직접적인
참고자료로 활용했다. 아주 세세한 부분까지 그림과 정확히 똑같은 장면을
찍은 적도 많다. 그는 이렇게 설명한다. "나는 항상 영화를 현실과 연결시키려
합니다. 친숙한 것과 낯선 것 사이에 평형을 이루려고 하죠." 작업 초기에
파트리스는 칼라단 성을 절벽 면 안에 따로따로 지어진 건물들로 구상했다.
그러나 드니는 이런 구조가 너무 낯설게 보여서 장면의 의미가 제대로
전달되지 않을 수 있다는 점을 깨달았다. 그래서 쉽게 알아볼 수 있는 형태의
단일 건물로 성의 디자인이 바뀌었다.

"〈듄〉의 세계를 구축하는 데
크게 영향을 미친 것은 자연이다."

위: 벌집에서 영감을 얻은 성을
묘사한 초기 콘셉트 그림.

아래: 단일 건물로 이루어진
칼라단 성의 최종 디자인.

34~35쪽: 노르웨이의 바다
풍경을 배경으로 추가한
칼라단 성의 디자인.

위: 아트레이데스 가문의 문장이 들어간 초록색과 검은색의 아트레이데스 깃발 콘셉트 그림.

아래: 변화를 알리는 황제의 사자가 칼라단에 도착하는 모습을 묘사한 콘셉트 그림.

37쪽: 레토 공작의 집무실 세트장에서 티모테 샬라메, 스티븐 매킨리 헨더슨, 오스카 아이작, 제이슨 모모아, 조시 브롤린, 로저 위안. 로저는 〈듄〉에서 무술감독으로 일했을 뿐만 아니라, 아트레이데스 군대의 장교 랜빌 역할도 연기했다.

아트레이데스 가문

아트레이데스는 백성들에게 사랑과 존경을 받는 귀족 가문이다. 시나리오 작가 존 스페이츠는 나와 주고받은 편지에서 지도자로서 아트레이데스 가문에 대해 다음과 같이 말했다. "《듄》이 집필된 때는 1960년대지만, 이 소설의 테마는 언제나 유효합니다. 힘에 의존해 다스리는 사람은 폭군이 되기 쉽다는 점, 행성들의 환경은 파괴되기 쉬우니 자연을 보존할 필요가 있다는 점, 역사의 방향을 결정하는 데 명예, 성실성, 인정(人情) 등 쉽게 눈에 띄지 않는 인간의 특징이 핵심적인 역할을 한다는 점."

드니에게는 프랭크 허버트의 철학에 충실할 뿐만 아니라, 소설에 묘사된 각종 상징들을 제대로 구현한 영화를 만드는 것이 무엇보다 중요했다. 사실 소설 속의 많은 묘사들이 영화에 필요한 여러 디자인에 속속들이 스며들었다. 아트레이데스의 상징이 매이므로, 아트레이데스 가문의 깃발에서는 이 긍지 높은 새가 날개를 활짝 펼치고 있다. 또한 이 가문의 제복과 무기 디자인에는 상징 색인 검은색과 초록색이 주로 쓰였다.

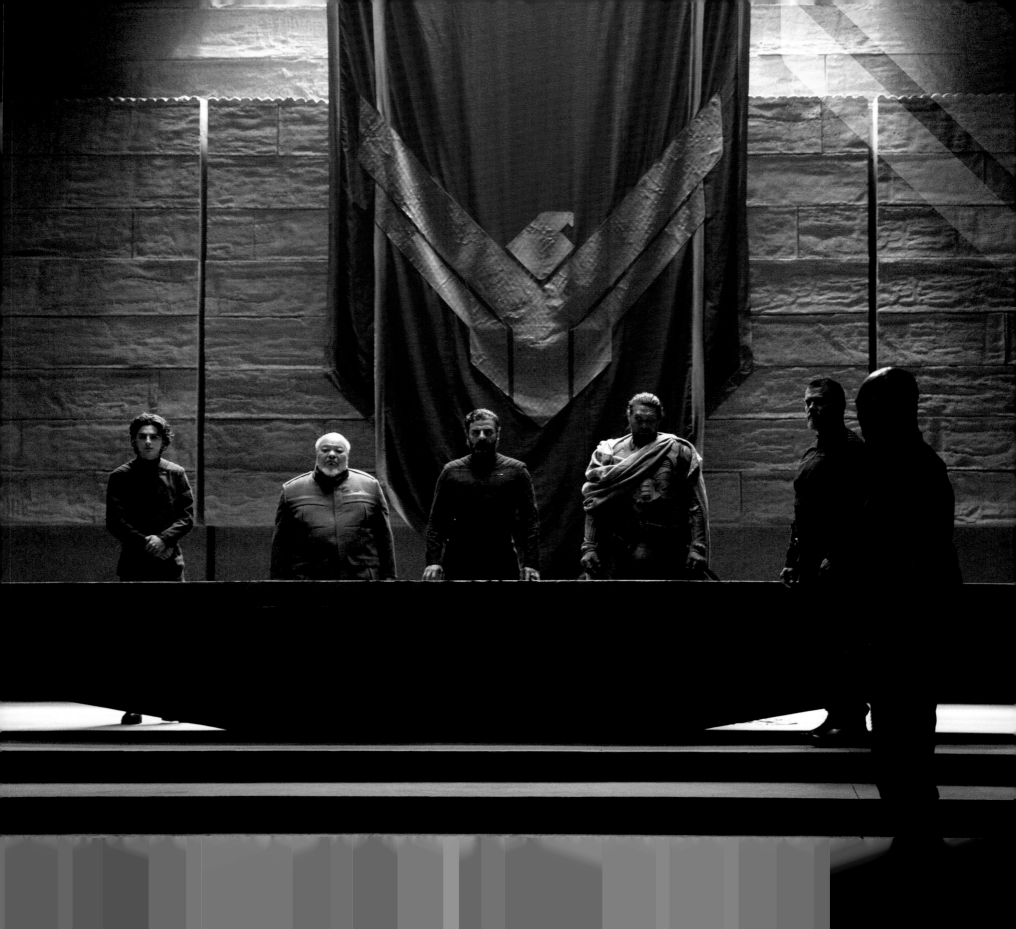

폴 아트레이데스

폴 아트레이데스는 레토 아트레이데스 공작과 레이디 제시카의 아들이다. 그는 아버지에게서는 귀족의 작위를, 어머니에게서는 이 세상을 초월한 듯한 베네 게세리트의 기술을 각각 물려받는다. 인류에 대한 심오한 이해와 예지력이라는 독특한 재능을 지닌 지도자 폴의 운명을 결정지은 것이 바로 부모에게서 물려받은 이 두 가지 특징이다.

폴 역을 맡을 배우를 찾기 시작한 것은 2017년이었다. 프로듀서인 메리 페어런트와 케일 보이터, 캐스팅 디렉터 프랜신 메이슬러, 그리고 드니는 주연 역할을 맡을 미지의 배우에 대해 짤막한 대화를 여러 차례 나눴다. 서로 이런저런 아이디어를 주고받던 중, 그해 가을에 <콜 미 바이 유어 네임>이 개봉되었다. 티모테 샬라메는 좋은 평을 받은 이 로맨스 영화에 계시처럼 나타나 곧 전 세계의 주목을 받았다. 드니와 영화사는 그가 폴 역에 완벽한 배우라는 데에 즉시 의견을 모았다. 처음부터 후보 명단 같은 것은 없었다. 언제나 티모테뿐이었다. "우리는 다른 누구와도 접촉하지 않았습니다." 메리의 말이다.

드니는 티모테가 왜 이 배역에 딱 맞는 배우인지 다음과 같이 설명한다.

티모테는 배우로서 희귀한 재능을 지니고 있습니다. 그는 진정한 스타 영화배우예요. 1920년대와 1940년대에 강력한 카리스마를 보여준 영화배우들처럼 그도 실제보다 더 근사한 분위기를 만들어 낼 줄 압니다.

그가 아주 동안이라는 점도 이 배역에 딱 맞죠. 때로 카메라 앞에서 정말로 열다섯 살처럼 보이면서도, 이제 막 성인이 된 청년의 성숙함 또한 갖추고 있어요. 정확히 폴 아트레이데스 그대로입니다. 성숙한 영혼을 지닌 10대 소년.

"처음부터
후보 명단 같은 것은 없었다.
언제나 티모테뿐이었다."

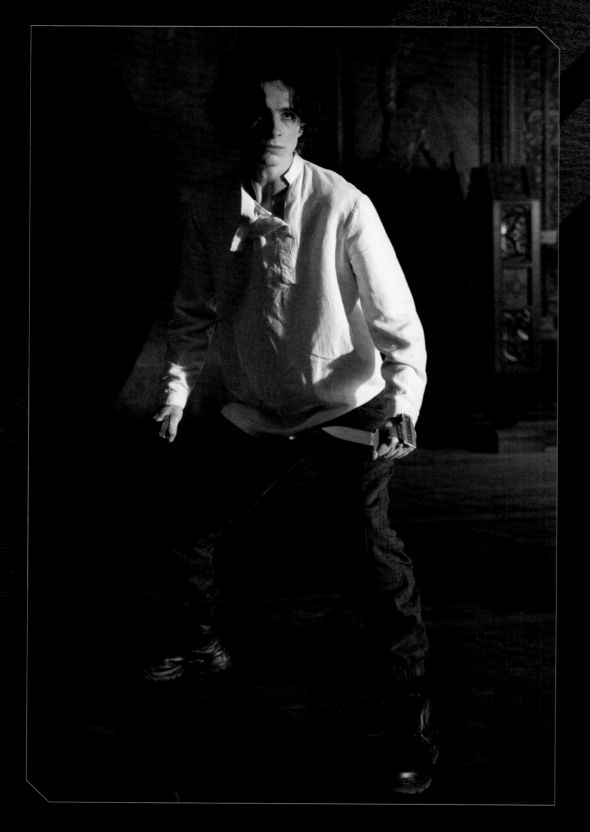

드니와 티모테는 몇 달 동안 폴의 생각, 행동, 그를 움직이는 요소 등을 파악해 캐릭터에 살을 붙였다. 티모테는 이렇게 설명한다. "나는 소설의 유산뿐만 아니라 이 배역의 영적인 면도 담아내고 싶었어요." 다행히 그는 드니와의 공동작업을 통해 폴 아트레이데스를 어떻게 연기할지 기초를 잡았다. "정말로 나 자신을 맡겨도 될 것 같았습니다. <그을린 사랑>, <폴리테크닉>, <프리즈너스> 등 드니의 뿌리가 인디영화에 있다는 점, 최근 작품에서는 커다란 스케일 안에서 인물을 기반으로 한 이야기에 초점을 맞추는 능력을 보여주었다는 점 등을 감안할 때 최고의 감독을 만났다는 확신이 들었어요."

의상 디자이너 재클린 웨스트는 데이비드 린 경이 감독한 고전 영화들에서 영감을 구했다. "<아라비아의 로렌스>를 열 번은 본 것 같아요. <닥터 지바고>도 마찬가지고요. 거기서 영감을 얻은 덕에, 폴은 전투 훈련 장면에서 지바고의 하얀 셔츠를 현대화한 의상을 입게 되었습니다." 시대를 초월한 듯한 분위기에 미래의 느낌을 살짝 주고 싶어서 재클린의 팀은 단추와 지퍼를 피하고 대신 자석으로만 옷깃을 여미게 했다.

재클린은 처음 시험 착용 때 책 속의 인물이 눈앞에서 생생히 살아나는 모습에 넋을 잃었다. "티모테가 의상을 입고 나니 다른 사람이 되는 거예요. 얼굴도 변하고, 분위기도 변하고. 의상은 배우가 등장인물로 건너가는 다리였습니다."

"정확히 폴 아트레이데스
그대로입니다. 성숙한 영혼을
지닌 10대 소년."

드니 빌뇌브, 감독

40쪽 왼쪽: 훈련실 세트장의
티모테 살라메.

40쪽 오른쪽: 요르단 사막에서
드니와 티모테가 촬영 장면을
확인하고 있다.

41쪽: 곰 자바 시험을 위해
레이디 제시카(리베카 퍼거슨)
가 아들 폴 아트레이데스
(티모테 살라메)를 깨우고
있다.

기술 수준이 낮은 미래

<듄>의 시간적 배경은 제국력으로 10,191년이다. 지금으로부터 엄청 먼 미래인 셈이다. 그러나 우리의 짐작과 반대로, 이 SF의 세계에는 컴퓨터가 단 한 대도 없다. 드니는 이렇게 설명한다. "생각하는 기계가 자신의 생존에 위협이 된다는 사실을 깨달은 인간들이 그 기계들을 없애버렸습니다." 소설은 1965년에 발표되었지만, 인공지능의 광범위한 사용을 예측한 대목에서는 예언자의 분위기가 난다. 드니는 이렇게 말한다. "지금 우리는 그런 현상을 목격하고 있습니다. 휴대전화기가 우리보다 더 똑똑해지고, 인간의 지능은 시들어 어딘가 다른 곳으로 옮겨가죠." <듄>에는 스크린도, 인터넷도, 와이파이도 없다. 아날로그 기술뿐이다. 인간들은 지능을 되찾아 잠재력을 최대한 개발하려고 애쓴다.

프랭크 허버트가 컴퓨터 없는 이 세계를 위해 발명한 장치 중에 홀로그램 필름을 영사하는 책 모양 장치가 있다. 이 필름책을 움직이는 기술에는 시거와이어라는 유기물질이 사용된다. 영화에서 폴은 필름책을 보면서 아라키스의 환경과 문화에 푹 빠진다. 이 3차원 다큐멘터리 같은 영상들을 통해 깊은 사막에서 살아남는 기술도 배운다. 드니는 미술팀에게 이렇게 말했다. "이 필름책이 다큐멘터리 <북극의 나누크>를 연상시키면 좋겠어요. 아주 오래된 필름을 발견한 것 같은 느낌이 필요합니다." 그는 필름책의 홀로그램이 1922년에 나온 <북극의 나누크>처럼 낯설지만 매혹적인 토착문화를 언뜻 보여준다는 발상을 몹시 좋아했다.

칼라단 성에 있는 폴의 방과 서재

공식 촬영 첫날, 그레그 프레이저의 카메라가 찍은 것은 폴이 칼라단에 있는 자신의 방에서 깨어나는 장면이었다. 거의 1년 전에 그린 콘셉트 그림과 똑같이 지어진 부다페스트의 세트장은 그레그의 조명이 불러낸 장면의 분위기를 살렸다. 그는 이렇게 말한다. "미술팀의 구상과 디자인이 정말 훌륭했습니다. 환상적인 감독과 프로덕션 디자이너가 잘 협력한 덕분이죠."

미술팀은 소설에 나오는 발광구도 만들어 냈다. 소설에서 이 불빛들은 반중력 기술을 이용해 중력에 저항하며 공중에 어른거린다. 파트리스 베르메트는 "발광구를 만들기 위해 아주 많은 콘셉트를 시도해 보았다" 고 말한다. 작업 초기에는 현대적인 샹들리에, 조개껍데기처럼 벌어지는 구체, 빛을 쏘아내는 이중 장치 등을 기반으로 한 여러 디자인이 나왔다. 파트리스에 따르면, "괜찮은 아이디어들이었지만, 소설 속 세계와는 어울리지 않았다". 그래서 칼라단의 발광구는 나무를 섬세하게 조각한 무늬가 있는 납작한 공 모양이 되었다. 이 무늬는 성 안의 얕은 돋을새김 나무 프레스코나 가구와도 잘 어울렸다.

아래: 벌집 모양이 들어간 필름책 디자인.

43쪽 위: 촬영장의 리베카 퍼거슨.

43쪽 아래: 초기 발광구 그림이 포함된 칼라단의 서재와 폴 아트레이데스의 방 콘셉트 그림.

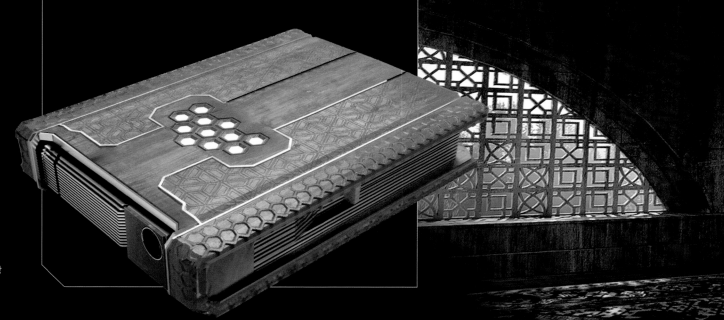

왼쪽: 레토 아트레이데스의
갑주와 평상시 제복 디자인.

오른쪽: 레토의 공작 인장반지.

45쪽 왼쪽: 오니숍터 구출
장면의 오스카 아이작.

45쪽 오른쪽: 레토
아트레이데스 공작을 연기하는
오스카 아이작.

"레토는 지도자를 만드는 건
권력이 아니라 백성이라고 믿습니다."

오스카 아이작, 배우

레토 아트레이데스 공작

레토 아트레이데스는 명예를 아는 공작이다. 그는 휘하의 사람들을 공정하게 대하고, 자기 아버지가 그랬던 것처럼 지도자로서 모범을 보인다. 이 다면적인 역할을 맡은 배우 오스카 아이작은 이렇게 설명한다. "레토는 지도자를 만드는 건 권력이 아니라 백성이라고 믿습니다." 오스카에게는 공작이 두려움을 모르는 용감한 지도자일 뿐만 아니라 자상한 아버지이자 공감 가는 인간으로 보이는 것이 중요했다. "나는 허공을 바라보며 심오한 말만 하는 사람을 만들어 내고 싶지 않았습니다."

오스카는 이렇게 회상한다. "드니가 〈듄〉의 감독을 맡았다는 말을 듣고 나는 실제로 그에게 편지를 보냈어요. '나는 《듄》을 사랑합니다. 이 책을 정말 좋아해요. 그걸 그냥 거기 펼쳐놓으세요.' 드니는 답장에 '《듄》을 사랑하신다고요. 흥미롭군요······'라고 썼습니다." 알고 보니 드니는 이미 오스카의 연기를 보고 팬이 되어 있었다. 특히 코언 형제의 〈인사이드 르윈〉(2013)과 알렉스 갈런드의 〈엑스 마키나〉(2014)에서 그가 보여준 연기를 좋아했다. 드니는 이렇게 말한다. "나는 오래전부터 오스카와 함께 일하고 싶었어요. 그는 또한 소설 속 레토 공작의 묘사에 딱 맞아떨어지는 인물입니다."

오스카와 드니의 공동작업은 더할 나위 없이 풍성한 결과를 낳았다. 오스카는 소설의 정수를 정제하면서도 감독의 진정성 있는 시각도 담긴 대본이 만들어지는 과정에 감탄했다. 오스카는 이렇게 말한다. "드니에게 가장 중요한 것은 영화입니다. 이것은 이제 문학작품이 아니에요. 꿈의 한 장면입니다."

위: 바다를 굽어보는 묘지의
콘셉트 그림.

17쪽: 묘지 섬을 묘사한 초기

오스카는 배역 준비를 위해 권위를 손에 쥔 사람들과 지도자들의 행동을 연구했다. "구로사와 아키라 감독의 <7인의 사무라이>를 비롯해서, 미후네 도시로가 나온 영화도 많이 보았습니다." 그는 이렇게 덧붙였다.

레토 공작의 의상 디자인에 핵심적인 역할을 한 참고자료는 둘이다. 하나는 공작과 비슷한 운명을 맞은 러시아의 차르 니콜라이 2세다. 재클린 웨스트는 이렇게 설명한다. "그는 러시아혁명 직전 오랜 왕조의 종말을 상징하는 인물이에요. 니콜라이처럼 레토의 공식적인 제복도 그가 재위 마지막까지 잃지 않았던 조용한 위엄을 반영해서 우아하고 간결하게 디자인했습니다."

디자인에 영감을 준 두 번째 자료는 프랑수아 트뤼포 감독의 고전적인 SF 영화 <화씨 451>(1966)이다. 재클린은 이렇게 말한다. "오스카어 베르너가 연기한 가이 몬태그는 책이 불법화된 미래에 살고 있습니다. 소방수로서 책을 불태워 지식을 숨기는 일에 환멸을 느껴서 불법화된 문화를 보존하는 데 뛰어든 그의 모습이 아라키스에 온 레토의 모습과 비슷해 보였어요." 재클린은 공작을 듄의 해방자로 보고, 그 정신을 표현하기 위해 몬태그의 간결하고 어두운 제복을 참고했다.

레토는 대대로 내려온 권력의 상징인 커다란 인장반지를 왼손에 자랑스레

끼고 다닌다. 듄의 이야기에 상징적으로 등장하는 이 반지는 지금까지 그 반지를 끼었던 모든 선대들의 유산을 계승한다는 느낌을 풍겨야 했다. 소품 담당인 더그 할로커는 이렇게 회상한다. "우리는 가문 반지들을 조사했습니다. 그중에 독특한 모양의 커다란 반지가 상당히 자랑스럽게 손가락에 끼워져 있는 그림이 있었어요." 검은색 바탕에 황금색 장식이 있는 이 반지가 디자인의 핵심이 되었다. 여기에 보석과 아트레이데스 가문 문장을 덧붙이자 누가 봐도 금방 정체를 알아차릴 수 있는 반지가 만들어졌다.

"이것은 이제
문학작품이 아니에요.
꿈의 한 장면입니다."

오스카 아이작, 배우

칼라단 묘지

칼라단 묘지에서 공작과 폴 부자는 긴밀한 대화를 나눈다. 가문의 신조뿐만 아니라 아라키스로 떠날 준비를 하면서 실행할 전략도 그들의 대화 주제다. 묘지를 걸으면서 레토가 돌아가신 아버지를 떠올리는 장면은 아트레이데스 가문이 조상들을 두고 떠난다는 사실을 더 부각시킨다. 드니는 이렇게 회상한다. "작업 초기에 에릭 로스가 이런 말을 했습니다. '가족의 유해를 가져갈 수는 없어요.' 따라서 그들은 뿌리도, 유산도, 자신이 살아온 역사의 일부도 잃어버립니다." 묘지는 에릭의 이런 생각을 영화적으로 표현하는 도구가 되었다.

초기 대본에서 드니는 폴과 레토가 미래 분위기가 나는 잠수복을 입고 호수 한가운데에 있는 묘지 섬으로 헤엄쳐 가는 장면을 구상했다. 이 신성한 섬에서 부자는 이 행성을 영원히 떠나기 전 망자들에게 마지막 인사를 건넬 것이다. 그러나 이 아이디어는 나중에 폐기되고, 묘지 장면은 헝가리 벌러톤 호수를 굽어보는 한 마을에서 촬영되었다. 그리고 후반작업 때 이 장면 배경에 노르웨이의 풍경과 바다를 컴퓨터로 합성해 넣었다.

베네 게세리트 교단

어두운 우주선이 칼라단에 착륙하고, 망토를 걸친 정체불명의 인물들이 거기에서 내려 아트레이데스 성을 향해 성큼성큼 걸어간다. 그들이 적인지 친구인지는 불분명하다. 그리고 나중에 그들이 적이자 친구였음이 드러난다. 베네 게세리트는 훈련받은 여성들만으로 이루어진 정치세력이다. 그들 중 '진실을 말하는 자'라고 불리는 사람들은 직관을 고도로 발달시켜서 진실과 거짓을 구분할 수 있다. 이 교단의 구성원들은 제국의 대가문들 내부에 지도자의 경호원과 자문으로 자리를 잡고, 그들을 평화와 계몽으로 이끈다.

베네 게세리트는 대가문의 구성원 중 가장 강한 사람들을 결합시키는 방식으로 혈통을 통제하는 능력을 이용해 권력과 영향력을 행사한다. 그들은

수만 년 전부터 교배를 통해 완벽한 인간을 만들어 내려고 시도해 왔다. 그들은 그 사람을 퀴사츠 해더락이라고 부른다. 그들의 웅대한 계획에는 종교를 이용해 여러 행성에 전설과 미신을 심는 것도 포함되어 있다. 역사의 방향을 조종하고, 사람들에게 구세주의 도래를 준비시키기 위해서다. "베네 게세리트의 철학은 수백 년 전 종교적 식민화를 연상시킵니다. 사회에 워낙 깊이 뿌리를 박고 있어서 그들의 권력은 흔들리지 않습니다." 드니는 이렇게 설명한다.

베네 게세리트가 칼라단에 도착하는 장면이 영화의 스토리보드에서 가장 먼저 작성된 장면이었다. <듄>의 이야기 모든 측면에 교단이 최고의 영향을 미치고 있음을 보여주는 대목이다. 베네 게세리트 우주선이 다산의 상징인 달걀형인 것은 우연이 아니다. 사실 프랭크 허버트가 1985년에 발표한 《듄의

신전》의 표지에도 유명한 삽화가 존 쇤허가 상상한 또 다른 형태의 달걀형 디자인이 실려 있다.

콘셉트 아티스트 조지 헐과 샘 후데키는 여성들만으로 구성된 베네 게세리트 교단과 그들의 선택적인 교배 프로그램에 착안한 우주선 디자인을 다양하게 구상해 보며 여러 시각적 스타일을 시험했다. 최종적으로 드니는 가장 순수한 디자인을 선택했다. 조지는 이렇게 회상한다. "파트리스는 이 영화 작업을 하는 내내 '덜어낼수록 더 좋다'는 미학을 진심으로 추구했습니다. 나는 그것이 우아하고 세련된 미래형 디자인을 의미한다고 해석했어요. 그것이 베네 게세리트 교단과 완벽하게 어울립니다."

오른쪽: 베네 게세리트의 의상 디자인 시안.

아래: 가이우스 헬렌 모히암 대모가 베네 게세리트 자매들과 함께 칼라단에 도착한 모습을 묘사한 콘셉트 그림.

"베네 게세리트 우주선이
다산의 상징인 달걀형인 것은
우연이 아니다."

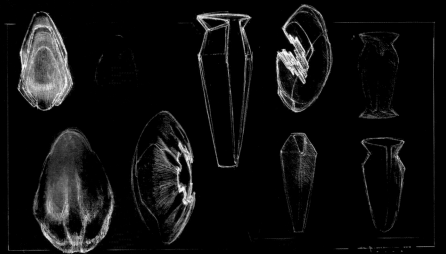

50쪽: 달걀 모양의 베네
게세리트 우주선 디자인.

위: 우주선 트랩이 열리면서
망토를 둘러쓴 검은 실루엣이
드러나는 모습을 묘사한
콘셉트 그림.

아래: 베네 게세리트
우주선의 초기 스케치.

레이디 제시카

레이디 제시카는 폴의 어머니이자 레토 공작의 사랑하는 파트너지만,
베네 게세리트 교단의 일원이기도 하다. 이 복잡한 배역을 맡을 배우를
물색하면서 드니는 티모테 샬라메의 어머니 역할에 어울릴 만큼 나이가
있으면서도 레이디 제시카의 분위기에 걸맞은 젊음도 지닌 사람을
원했다. 드니는 이렇게 말한다. "레이디 제시카는 가끔 실수도 저지르는
젊은 어머니예요. 이런 이유 때문에 관객은 그녀에게 너그러운 반응을
보일 겁니다. 그녀는 이야기의 기둥이지만, 영화 속에서 그녀가 어떻게
성장하는지 관객이 느낄 수 있어야 해요." 드니는 〈미션 임파서블〉 시리즈에서
리베카 퍼거슨의 연기를 보고 감탄한 적이 있었다. 또한 티모테와 닮았을
뿐만 아니라 숨은 의도를 지닌 여성을 연기할 역량도 있다고 보았다. 드니는
이렇게 설명한다. "리베카는 신비로운 분위기를 지니고 있어요. 한눈에
훤히 파악되지 않는 부분이 있죠. 내가 보기에는 그 점이 바로 레이디
제시카였습니다."

우리가 연락했을 때 이 뛰어난 배우는 〈미션 임파서블: 폴아웃〉을 막
끝내고 새로운 도전거리를 찾던 중이었다. 리베카는 이렇게 회상한다. "내가
소속사에 여왕, 첩, 가정교사 역할을 또 맡는 것만은 피하고 싶다고 이야기한
지 얼마 되지 않았을 때였어요." 그때 〈듄〉 제작팀에서 연락이 왔다. "드니의
설명이, 제시카라는 인물은 아주 강렬하고 여왕 같은 첩이라는 거예요."
그녀는 웃으면서 이렇게 말했다. 결국 이 배역을 받아들인 그녀는 곧 걱정을
털어버렸다. "이 영화에서 그녀는 특히 무척 강렬한 인물로 그려져요."
리베카의 말이다.

베네 게세리트는 스스로의 정신과 몸을 완벽하게 통제한다. 심지어
자신의 자궁까지 통제한다. 이 능력 덕분에 그들은 태아의 성별을 선택해서

"이 영화에서 그녀는 특히
무척 강렬한 인물로 그려져요."

리베카 퍼거슨, 배우

위: 아들 폴(티모테 샬라메)
에게 베네 게세리트의 방식을
가르치는 레이디 제시카
(리베카 퍼거슨).

55쪽: (왼쪽부터) 레이디
제시카가 칼라단에서 입은
레이스 드레스, 곰 자바 시험
때의 검은 옷, 아라키스에
도착할 때의 의상 디자인.

56~57쪽: (왼쪽) 칼라단
성의 복도와 중앙홀 콘셉트
그림. (오른쪽) 칼라단 성의
도서실 일러스트.

대가문들의 혈통을 좌지우지할 수 있다. 사실 제시카는 베네 게세리트의
상급자인 대모에게서 레토 공작에게 딸을 낳아주라는 지시를 받았다. 그러나
제시카는 자신의 아들이 퀴사츠 해더락이 될 가능성이 있음을 감지하고,
명령에 거역해 폴을 낳는다. 리베카는 이렇게 설명한다. "제시카는 어머니와
연인인 동시에 베네 게세리트로 행동한 결과를 감당해야 해요. 그래서 항상
무엇을 우선할지 고민하죠."

제시카는 예지력과 초월적인 직관력이라는 재능 외에 맹렬한 전사의
재능도 갖고 있다. 무술감독 로저 위안은 17세기에 소림사의 어느 여승이
고안한 무술에서 몇 가지 요소를 가져와 그녀의 격투 동작을 고안했다.
로저는 이렇게 설명한다. "그 여승의 무술은 영춘권의 전조였습니다.
이소룡이 쓰던 무술이 사실상 영춘권이죠." 중국 무술을 바탕으로 한
제시카의 격투술은 일종의 호신술로, 상대의 체격이나 힘보다는 힘을
다른 방향으로 흘리는 데에 초점을 맞춘다. 로저는 이렇게 말한다. "이런

무술을 사용하려면 몸이 민첩해야 합니다. 생존을 위해 상대를 속이는
기술이니까요."

레이디 제시카의 의상에 직접적으로 영향을 미친 것은 발렌시아가,
디오르, 스키아파렐리 등 저명한 패션 명가들이 디자인한 빈티지 의상이다.
그녀의 의상은 세련되고 정교하면서도 수수하게 보여야 했다. 베네
게세리트는 자신의 미모나 성적인 매력을 내세우지 않기 때문이다. 재클린
웨스트는 여러 예술작품을 참조해서 레이디 제시카만의 독특한 스타일을
창조했다. 그녀는 이렇게 회상한다. "레이디 제시카의 모든 의상은 과거와
연결되어 있습니다. 미래의 분위기를 지닌 중세 수녀의 모습이 내 머릿속에
계속 떠오른 이미지였죠." 예를 들어, 제시카가 칼라단에서 입은 검은 레이스
드레스는 19세기 초에 프란시스코 고야가 그린 <발코니의 마하들>에서
직접적인 영향을 받았다.

"레이디 제시카의 모든 의상은
과거와 연결되어 있습니다."

재클린 웨스트, 의상 디자이너

대모

가이우스 헬렌 모히암 대모는 베네 게세리트 교단 내에서 높은 지위에
있다. 그녀는 레이디 제시카의 스승이지만, 인류의 발길이 닿은 우주
전역에서 강력한 힘을 지닌 인물이라는 점이 더 중요하다. 그녀는 황제의
'진실을 말하는 자'라는 직함을 받아 국정에 대해 황제에게 조언하는
일을 하고 있다. 샬럿 램플링은 제작진이 이 대모 역을 맡을 배우로
떠올린 유일한 인물이다. 공교롭게도 그녀가 영화 <듄>에 캐스팅된 것은
이번이 처음이 아니다. 실제로 제작되지는 못했지만, 과거 알레한드로
조도로프스키가 《듄》의 영화화를 추진하면서 그녀에게 레이디 제시카
역을 맡긴 적이 있었다. 그로부터 40년이 흐른 지금, 다시 기회가 돌아오자
그녀는 도저히 거절할 수 없었다. 드니는 이렇게 말한다. "샬럿 램플링의
존재감은 대단히 강렬합니다. 나는 그녀가 옛날에 조도로프스키의 <듄>
에 캐스팅되었다는 사실을 알지도 못했어요. 그저 이 역할을 맡을 배우로
다른 사람은 전혀 떠오르지 않았을 뿐입니다."

대모는 체스의 퀸처럼 모든 것을 아우르는 힘을 갖고 엄청난 존재감을
발산하는 인물이다. 실제로 재클린은 그녀의 의상을 디자인할 때 옛
타로카드뿐만 아니라 르네상스 시대의 체스 말도 참고했다. 재클린은
이렇게 설명한다. "프랭크 허버트는 체스와 타로카드에 빠져 있었어요.
그래서 이 의상을 디자인할 때 그 둘을 출발점으로 삼으면 좋을 것
같았습니다."

58쪽 왼쪽: 가이우스 헬렌 모히암 대모 역의 샬럿 램플링과 나란히 선 그녀의 제자 레이디 제시카(리베카 퍼거슨).

58쪽 오른쪽: 이 장면은 샬럿 램플링이 베일을 쓴 상태로, 그리고 베일을 벗은 상태로 각각 촬영했다. 그녀와 드니 모두 대모의 얼굴이 신비하게 가려진 모습을 선택했다.

59쪽: 대모의 의상과 베일 디자인 시안.

모히암 대모:

**"오른손을
상자 안에 넣어라."**

폴:

"상자 안에는 뭐가 있죠?"

모히암 대모:

"고통."

위: 곰 자바 바늘과 돌상자
일러스트.

61쪽: 대모(샬럿 램플링)
앞으로 불려온 폴(티모테
샬라메)이 '목소리'에
굴복한다.

곰 자바

곰 자바 시험은 프랭크 허버트의 소설에서 상징적인 장면 중 하나다. 이
시험은 폴 아트레이데스의 성장 이야기가 시작되었음을 알리는 역할을 하며,
모호한 부분이 전혀 없다. 그가 시험에 통과해서 살아남거나 아니면 시험에
실패해서 죽거나, 둘 중 하나일 뿐이다. 티모테 샬라메는 이렇게 설명한다.
"그는 영웅의 여정을 향한 직선코스에 있습니다. 마치 롤러코스터에 올라탄
것 같은데, 거기서 가장 먼저 느끼는 압박이 바로 이 시험이죠. 이미 그가
올라탄 이상, 롤러코스터의 속도는 느려지지 않을 거예요."

처음 모히암 대모와의 만남을 위해 아트레이데스 성의 도서실로 걸어
들어갈 때 폴은 반항적인 태도지만 곧 무너진다. 대모는 '목소리'라고 불리는
베네 게세리트의 오랜 최면 기법을 사용해, 폴을 자신의 발치에 억지로 무릎
꿇린다. 목소리는 타인을 조종할 수 있는 무한한 능력으로, 베네 게세리트가
지닌 궁극의 기술이다.

영화에서 '목소리'는 시각적으로 표현되지 않는다. 따라서 목소리의
음향을 완벽하게 다듬는 것이 무엇보다 중요했다. 촬영장에서 드니는

'목소리'의 효과를 내기 위해 스피커나 증폭기를 사용하지 않았다. 단순히
소리를 키우거나 왜곡하는 것만으로는 효과를 낼 수 없다는 사실을 알기
때문이었다. 나중에 사운드 에디터 마크 맨지니, 테오 그린과 함께 작업을
시작하면서, 드니를 비롯한 모두는 트릭을 쓰는 것처럼 보이지 않으면서도
누구나 '목소리'를 알아볼 수 있게 표현해야 한다는 데 동의했다.

드니는 이렇게 설명한다. "그것은 귀가 아니라 잠재의식으로 듣는 소리,
악몽 속의 목소리입니다. 원시시대의 조상에게서부터 내려온 목소리이기도
하고요. 묵직하고, 강력하고, 무섭죠. 그것은 심리적으로 최면을 걸듯 타인을
통제하는 기술이에요. 제시카는 폴에게 '목소리'의 사용법을 가르치면서
소리의 높낮이에 대해 이야기하지만, 음향으로 처리할 때는 아주 섬세한
조절이 필요했습니다."

샬럿 램플링이 촬영장에서 박력 있게 보여준 '목소리' 연기가 다른
배우들에게도 기준이 되었다. 후반작업 때는 이 소리가 개념적으로 더
발전해서, 더 묵직하게 울리는 소리가 첨가되었다. 마치 베네 게세리트의 먼

조상들을 다시 불러내는 듯한 느낌으로.

폴은 대모의 지시에 따라 곰 자바 시험을 치르기 위해 불길해 보이는 상자에 오른손을 넣는다. 그리고 곧 손이 타는 듯한 고통을 느낀다. 환상이 유도한 고통이다. 그는 비명을 지르거나 손을 상자에서 빼고 싶은 충동에 저항해야 한다. 그러지 않으면 곰 자바라고 불리는 독바늘, 대모가 그의 목에 대고 있는 그 바늘이 그를 끝장낼 것이다.

곰 자바와 아주 오래된 돌상자의 디자인에 참고가 된 것은 프랭크 허버트가 소설에서 이 둘을 묘사한 대목이었다. 팀원들과 함께 이 두 물건을 제작한 더그 할로커는 이렇게 회상한다. "드니가 샬럿 램플링에게 독특한 방식으로 그 바늘을 잡아야 한다고 가르쳐 주었어요." 이 섬세한 바늘은 영화에서 클로즈업되지만, 세세한 부분까지 확실히 보일 만큼 그 순간이 길지는 않다. 더그는 이렇게 말한다. "그 바늘의 세세한 부분에 공을 많이 들였어요. 그걸 제대로 보려면 확대경이 필요할 겁니다."

던컨 아이다호

던컨 아이다호는 아트레이데스 가문의 용감한 검술 대가이자 외교관이며, 우아하고 사나운 전사다. 폴은 그를 형처럼 우러러보며, 그의 카리스마, 자유로운 정신, 용맹함에 감탄한다.

　이 역할에 맞는 배우를 찾는 데에는 오랜 시간이 걸렸다. 그러나 제이슨 모모아의 이름을 들었을 때, 드니는 마침내 딱 맞는 배우를 찾았음을 직감했다. 드니는 이렇게 설명한다. "던컨은 자유를 상징하고, 제이슨은 그 점을 구현해요. 또한 내가 이 역할에 필요하다고 생각하던 보헤미안 같은 분위기도 있습니다. 던컨은 단순한 군인이 아니라 탐험가예요."

　제작진에게서 전화가 걸려왔을 때 제이슨은 스노보딩을 즐기고 있었다. 드니의 작품을 열렬히 좋아하는 그는 좋은 인상을 주려고 열심히 노력했다. "내가 스키 리프트에서 내렸는데, 매니저에게서 전화가 왔어요. 드니가 나와 이야기를 나누고 싶어 한다고 하더라고요. 초현실 같았어요. 일을 망치면 어쩌나 싶었어요." 제이슨은 웃음을 터뜨리며 이렇게 말했다. 드니와 제이슨은 이야기를 시작하자마자 죽이 맞았다. 그래서 제이슨은 공작의 오른팔인 던컨 역을 연기한다는 생각이 즉각 마음에 들었다. "던컨이 명예와 품위를 알고 아트레이데스 가문을 섬기는 인물이라는 점이 마음에 들어요. 이런 역할을 맡은 것은 처음이에요."

　드니는 나중에 촬영장에서 제이슨을 '그 모모아'라는 애칭으로 불렀다. 드니는 이렇게 설명한다. "제이슨은 엄청난 카리스마를 지닌 배우입니다. 또한 매우 우아한 전사이기도 하죠. 마치 댄서 같아요. 모든 배우가 몸을 그렇게 놀릴 수 있는 것은 아니거든요. 나는 액션 장면에서 즐길 줄 아는 배우를 원했습니다."

　소설에서 던컨 아이다호는 뛰어난 격투 솜씨로 유명한 인물이기 때문에, 로저 위안은 그를 위해 독특한 무술을 고안했다. 던컨이 우주 곳곳을 여행했다는 사실에 착안한 그는 그가 마주친 다양한 집단의 기법들을 망라한 동작을 안무처럼 만들어 냈다. 여기에는 프레멘의 낮은 무게중심 기법과 칼을 원형으로 휘두르는 동작도 포함되었다. 로저는 이렇게 설명한다. "던컨은 어딜 가든 유용해 보이는 것을 받아들여 자신의 무술에 통합합니다. 그는 최고의 싸움 방법, 최고의 방어술, 최고의 살상 방법을 항상 고민해요."

62쪽 왼쪽: 던컨의 공식 제복 콘셉트 그림.

62쪽 오른쪽: 프레멘 의복을 입은 던컨 아이다호(제이슨 모모아).

63쪽: 던컨 아이다호의 특공대 제복 일러스트.

거니는 아트레이데스 가문의 무기 선분가이며, 어둠 속에 숨어 있는 것을
믿지 않는 성실한 전술가다. 그는 아트레이데스 가문의 적인 하코넨의
교활함을 잘 알고 있다. 그의 가족을 거의 말살하고, 그의 턱에 기념품처럼
흉터를 남긴 범인이 바로 하코넨 가문이다.

드니는 〈듄〉을 시작하기 5년 전에 〈시카리오〉에서 조시 브롤린과 함께
작업한 적이 있었으므로, 이 뛰어난 배우에게 이 배역이 완벽히 어울린다고
확신했다. "간단합니다. 거니는 시인이고, 조시도 그래요." 드니의 말이다.

거니는 재치 있고, 감수성이 섬세하고, 무자비하다. 조시는 이렇게
말한다. "그는 자신감이 넘치지만 오만하지는 않습니다. 자신의 약한
부분을 이용한다면 다른 사람의 약한 부분에 훨씬 더 동조할 수 있으므로
전장에서도 그 점을 이용할 수 있다는 사실을 잘 알아요."

이 다면적인 인물도 폴의 정신적 스승이다. 거니가 공작의 어린
후계자에게 격투술을 가르치는 중요한 장면에서, 그는 폴을 한계까지

몰아붙여 아라키스에서 스스로를 시키는 데 필요한 기술을 나눠어 준다.
이 장면에서 조시는 티모테 샬라메와 함께 복잡한 액션을 소화해야 했다.
그래서 촬영 전 몇 달 동안 쉴 새 없이 동작들을 연습했다. 조시는 이렇게
말한다. "순전히 무서워서 훈련했어요. 내 생각에 나 말고 다른 사람들은
전부 나보다 열 배쯤 잘하고 연습도 열 배쯤 할 것 같았습니다. 그래서 나
자신을 열 배쯤 몰아붙였죠."

"간단합니다. 거니는 시인이고,
조시도 그래요."

드니 빌뇌브, 감독

전사 겸 시인인 거니는 충실한 동반자인 발리세트를 항상 들고 다닌다. 허버트의 소설에 묘사된 이 현악기를 제작하는 작업은 소도구팀에게 하나의 여정이었다. 더그 할로커는 이렇게 말한다. "그럴듯한 작품을 만들기 위해 여러 사람의 손을 거쳤습니다." 그는 처음에 촬영지인 헝가리의 첼로 제작자에게 이 일을 맡겼다. "그는 기존 악기들의 모양을 바꿔서 발리세트를 만들려고 했어요." 그러나 불행히도 결과물이 마음에 들지 않았다. 그래서 더그는 헝가리의 소도구 제작자에게 다시 일을 맡겼다. 알고 보니 그는 뛰어난 기타 연주자이기도 했다. 그 소도구 제작자는 6주 동안 영화 제작팀의 요구에 맞춰 기타를 변형한 악기를 구상했다. 이 악기의 프렛과 줄감개 제작은 헝가리의 보석 전문가가 맡았다. 이렇게 만들어진 발리세트는 근사했지만, 악기로서 제대로 기능하지 못했다. 튜닝도 불가능했다. 조시는 이렇게 말한다. "기타를 칠 줄 아는 나도 이 악기는 연주할 수 없었어요." 촬영 때 그는 대본에 나온 거니의 발라드를 아카펠라로 불렀다. 가사는 소설에 나온 것을 각색했고, 멜로디는 한스 치머가 작곡했다.

왼쪽 위: 발리세트를 연주하는 조시 브롤린.

왼쪽 아래: 거니를 상징하는 악기의 콘셉트 그림.

오른쪽 아래: 격투 장면을 연기하는 티모테 샬라메와 조시 브롤린.

방어막

<듄>의 등장인물들이 사용하는 방어막 장치는 전자기장을 발생시켜 무기를 이용한 공격 등 외부 충격으로부터 신체를 보호해 준다. 총알 같은 고속 무기를 튕겨내는 방식이다. 이 방어막에 맞서기 위해 전사들은 보호막을 칼날로 부드럽게 뚫고 들어가는 '느린 공격' 기법을 발전시켰다. 일단 방어막이 뚫리면 장치가 비활성화되기 때문에 신체가 노출된다. 이 느린 공격을 위해서는 새로운 검술이 필요했다. 빠르고 강하게 칼을 휘두르는 전형적인 방식과 정확히 반대되는 방식이다. 로저 위안은 이렇게 설명한다. "느린 공격은 흥미로운 동작의 합을 만들어 냅니다. 방어막 스위치를 찾아내서 장치를 망가뜨리는 것이 격투의 목표가 되는 거죠."

1965년의 소설에서는 허리에 찬 방어막 허리띠가 방어막을 활성화시켰다. 그러나 드니는 이 장치를 좀 더 현대적으로 만들고 싶어서 손등에 차는 방식으로 바꿨다. 그는 또한 방어막의 에너지장이 노먼 매클레런의 작품 같은 분위기를 띠기를 원했다. 영국 태생의 캐나다인 애니메이션 감독인 매클레런은 손으로 그린 실험적인 애니메이션으로

유명하다. 때로는 추상적인 분위기를 띠기도 한다. 시각효과 담당인 폴 램버트는 이렇게 회상한다. "방어막을 상당히 예술적으로 표현해야 한다는 확신이 들었어요. 그래서 각각의 프레임을 손으로 색칠하는 기법을 사용했습니다. 충격 지점이 나오면 그 '이전'과 '이후'의 프레임을 복사해서 온몸을 감쌌죠. 일종의 공명이 발생한 것처럼요. 상당히 까다로운 작업이에요. 모든 작업자가 그런 기술을 갖고 있는 것이 아니니까요." 방어막의 콘셉트가 발전하면서 시각효과의 색채들도 발전했다. 빠른 공격이 방어막을 때리면 방어막이 몸을 보호하면서 푸른색으로 빛나고, 칼날이 방어막을 천천히 뚫을 때는 표면이 붉게 변해서 사용자에게 방어막이 곧 사라질 거라는 사실을 알려준다.

왼쪽: 방어막 장치 콘셉트 그림

오른쪽 위: 이 훈련실 장면에서 방어막의 푸르스름한 색깔은 방어막이 공격을 막았음을 의미한다.

오른쪽 아래: 느린 칼날이 방어막을 꿰뚫자 불그스름한 색이 나타난다.

칼라단 훈련실

칼라단 성의 훈련실은 얕은 돋을새김이 된 나무 패널로 벽을 마감한
세트였다. 커다란 채광창이 하나 있고, 아치 모양의 창문으로는 부드러운
빛이 들어온다. 나무로 만든 연습용 인형 셋이 한쪽에 으스스하게 서서,
하코넨 특유의 실루엣을 암시하고 있다. 이 방은 무기고의 역할도 겸하기
때문에, 아트레이데스 가문이 사용하는 검들과 적에게서 전리품으로
빼앗은 무기 등이 눈에 잘 띄게 전시되어 있었다. 이 연습실은 촬영장 세트
중에서 아주 큰 편에 속하지는 않았지만, 확실히 영혼이 느껴졌다. 묵직함과
친밀감이 자연스레 어우러졌다.

CK V10 CHRIS ROSEWARNE

영혼이 느껴졌다.
묵직함과 친밀감이 자연스레
어우러졌다."

68쪽 왼쪽 아래: 연습용 인형
일러스트.

68쪽 오른쪽 아래: 무기실의
세트 장식 디자인.

68~69쪽: 훈련실 초기 콘셉트
그림.

왼쪽 아래: 훈련실 세트장에서
빛을 받아 실루엣으로 보이는
조시 브롤린과 티모테 샬라메.

오른쪽 아래: 폴 아트레이데스
(티모테 샬라메)가 검으로
연습용 인형을 공격하고 있다.

아트레이데스의 검

아트레이데스의 정교한 무기는 이 대가문이 얼마나 세련된 집안인지를 보여준다. 이곳의 검은 우아하지만 치명적이다. 더그 할로커는 이렇게 설명한다. "이곳은 전통적인 고대 무기와 비슷한 무기들을 사용하는 미래 세계입니다. 그래서 만약 이 검의 손잡이 근처에 기술의 흔적이 살짝 보이면 흥미로울 것 같았어요. 그렇게 들어간 것이 칼로 누군가의 방어막을 뚫으려고 할 때 정말로 칼의 움직임을 슬로모션처럼 늦춰주는 전기 장치입니다."

　로저 위안은 1950년대에 만들어진 무술 발린타워 에스크리마에서 동작을 빌려와 아트레이데스 검술을 만들었다. 무기를 든 손과 빈손을 모두 사용해 상대의 공격을 막는 동작이 포함된 이 검술에는 속도, 타이밍, 뛰어난 반사신경이 필요하다.

70쪽: 아트레이데스 검 디자인.

위: 폴(티모테 샬라메)
이 아트레이데스 병사들의
병사들에게 둘러싸여 아라키스에
도착하는 장면.

아래: 칼을 들고 연습하는 조시
브롤린과 티모테 샬라메.

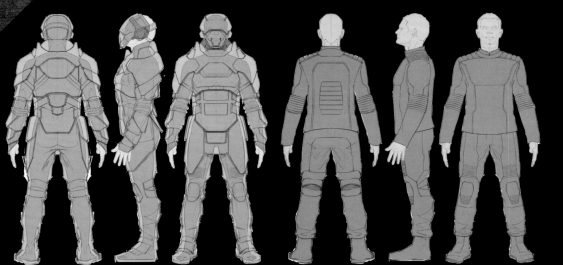

아트레이데스의 갑주는 용감하고 강력한 군대의 분위기를 표현할 수 있게 만들어졌다. 재클린 웨스트는 먼저 로스앤젤레스에서 의상 콘셉트 아티스트인 키스 크리스텐슨과 함께 디자인을 시작했다. 재클린은 이렇게 설명한다. "너무 미래의 분위기가 나는 의상을 만들 수는 없었어요. 드니는 현실에 바탕을 둔 디자인을 원했거든요." 배우들과 스턴트 연기자들이 이 갑주를 걸친 채 걷고, 달리고, 싸워야 하는 만큼 기능적으로도 이상이 없어야 했다. 재클린은 이렇게 말한다. "몸과 함께 움직일 만큼 부드러우면서도, 전투에 안심하고 입고 나갈 수 있을 만큼 단단해 보여야 했어요." 갑주 모형 제작은 부다페스트에서 영국의 전투 소품 전문가 사이먼 브린들이 맡았다. 관절이 자연스럽게 움직이는 상세한 모형에 승인이 떨어진 뒤에는, 헝가리의 전투 소품 전문가인 게르글리 카타이가 이 모형을 그대로 본뜬 갑주를 여러 벌 제작했다.

72쪽 위: 아트레이데스 갑주의 내부와 외부 패턴을 만드는 데 사용된 일러스트.

72쪽 아래: 아트레이데스의 여러 의상들. 평상시 제복, 우주공항 기술자, (영화에서는 생략된) 우주공항 기술자, 하와트 특수부대 디자인, 전신 갑주.

왼쪽: 투구만 바꾼 아트레이데스 갑주.

오른쪽: 아트레이데스 갑주와 칼라단 우비.

"듄은 고도의 기술과 중세의 미학이 정교하게 섞여 있는 곳입니다. 그래서 아트레이데스의 갑주를 금속이 아니라 몸을 보호해 주는 미래형 플라스틱으로 만들었습니다."

드니 빌뇌브, 감독

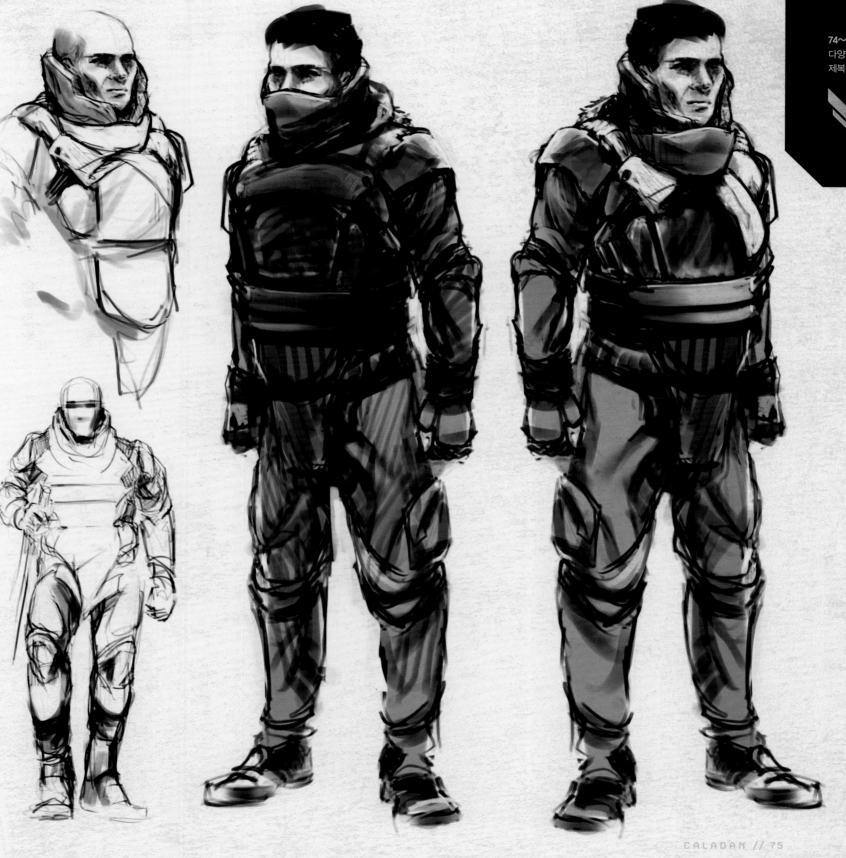

투피르 하와트

멘타트는 훈련을 통해 정신적 능력과 기억력을 엄청나게 발달시킨 사람이다.
그들은 생각하는 기계가 불법화된 세상에서 컴퓨터를 대신하게 되었다.
드니는 이렇게 설명한다. "멘타트는 엄청난 양의 정보를 소화해서 분석할
수 있습니다. 자기들 내부의 알고리즘과 뛰어난 두뇌를 활용해 결과를
예측하죠." 대가문들은 각각 정치적, 경제적 전략을 마련하기 위해 헌신적인
멘타트를 보유하고 있다. 그들이 없다면 백성을 이끄는 데 필요한 방대한
데이터를 이해하고 해석하기가 불가능하다.

아트레이데스 가문의 존경받는 멘타트 투피르 하와트를 연기한 배우는
스티븐 매킨리 헨더슨이다. 드니는 이렇게 말한다. "그는 따스한 존재감을
지니고 있으며, 눈빛에서 지성이 빛납니다. 투피르는 살아 숨 쉬는 데이터
처리기지만, 동시에 나는 그를 호감 가는 인물로 그리고 싶었습니다."

스티븐은 셜록 홈스를 염두에 두고 이 인물에 접근했다. "아서 코넌
도일이 창조한 그 인물, 그리고 확률과 추론이라는 개념을 오래전부터
좋아했습니다." 스티븐의 설명이다. 투피르는 한 번 본 것을 사진처럼
기억하는 능력을 갖고 있으며, 눈동자를 뒤로 굴려 자기 머릿속을 한 번
보기만 해도 그 속에 저장된 정보를 꺼내올 수 있다. 스티븐은 이렇게
말한다. "그는 초인적인 능력으로 정보와 정보를 연결해 해석할 수
있습니다."

모든 멘타트의 얼굴에는 그들을 다른 사람과 구분해 주는 독특한 표시가
있다. 소설에서는 입술이 사포액에 물든 것으로 묘사된다. 식물에서 짜낸
이 즙을 마시면 사고 과정의 속도가 한층 더 올라간다. 영화에서는 이것이
더 세련된 상징으로 바뀌었다. 헤어와 메이크업 디자이너 도널드 모윗은
이렇게 말한다. "멘타트는 모두 아주 깨끗하고 깔끔합니다. 그래서 '문신을
한 걸로 하면 안 되나?' 하는 생각이 들었어요." 그는 어두운 색 사각형
문양을 고안해서 아랫입술에 그려 넣었다. 다양한 실험 끝에 딱 맞는 크기와
위치를 찾을 수 있었다. 도널드는 이렇게 말한다. "포도주 얼룩이나 반점
같은 느낌을 염두에 두고, 블랙베리의 아주 어두운 자주색을 찾아냈습니다.
그것이 딱 맞았죠."

오른쪽: 투피르 하와트를
연기하는 스티븐 매킨리 헨더슨.

"(투피르는) 초인적인 능력으로
정보와 정보를 연결해 해석할 수
있습니다."

스티븐 매킨리 헨더슨, 배우

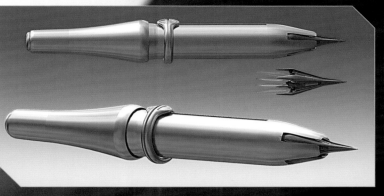

왼쪽: 아트레이데스 가문의 주치의 유에 박사 역을 맡은 장첸.

오른쪽 위: 유에 박사의 느린 다트총.

오른쪽 아래: 유에 박사 의상 콘셉트 그림.

웰링턴 유에 박사

웰링턴 유에 박사는 아트레이데스 가문의 주치의다. 제국 정신훈련으로 의사를 양성하는 수크 의대를 졸업했으므로, 이마에 명예와 충성을 상징하는 수크 다이아몬드 표지가 있다. 이 표지는 무슨 일이 있어도 환자의 생명을 빼앗지 않겠다는 약속이다.

이 역할을 맡을 배우로 드니는 타이완의 장첸을 선택했다. 2018년 칸 영화제에서 두 사람 모두 심사위원으로 활동하며 만난 적이 있었다. 드니는 이렇게 말한다. "나는 1990년대에 왕자웨이 감독의 영화에서 그를 보았을 때부터 배우로서 그에게 감탄했습니다." 장첸은 첫 영어 영화에 출연할 기회를 기쁘게 받아들였다. 그는 이렇게 회상한다. "대본을 읽기 전에는 음울하고 이 세상 같지 않은 미래 도시의 분위기를 예상했습니다. 그러나 대본을 읽으면서 놀라울 만큼 인간적이고 공감할 수 있는 이야기라는 걸 깨달았죠."

유에는 미래의 의사다. 그래서 시각, 촉각, 본능만으로 환자가 겪고 있는 고통의 원인을 알아낼 수 있다. 프랭크 허버트의 아들은 이렇게 설명한다. "프랭크 허버트는 유에를 비극적이고 낭만적인 인물로 그렸습니다." 유에는 레토 공작을 향한 충성심과 아내 워너를 향한 사랑 사이에서 갈등한다. 장첸은 이렇게 말한다. "그는 인생에서 큰 절망을 겪은 인물인 만큼 배우에게는 복잡하고 가슴 아픈 배역입니다."

영화에서 유에 박사는 미니멀한 튜닉을 입는다. 의상을 디자인할 때 항상 시각적인 자료를 참고하는 재클린 웨스트는 라스푸틴의 이미지를 상상하며 유에의 의상을 만들었다. 19세기 말의 악명 높은 수도사인 라스푸틴은 제정 러시아 시기 혈우병을 앓는 황자를 믿음으로 치유할 수 있다고 주장하며 황실 가족들 틈으로 파고들어간 인물이다.

아트레이데스 기함

아트레이데스 가문이 칼라단을 떠날 준비를 하는 과정에서, 육중하고 각진 기함들이 바다에 떠오른다. 아라키스까지 여행하기 위해서다. 드니는 이렇게 설명한다. "아트레이데스 가문은 함대를 물속에 둡니다. 거대하지만 낡고 녹슨 우주선들이 군대, 무기 등 아라키스에서 새로운 삶을 시작하는 데 필요한 모든 것을 싣고 물속에서 서서히 올라오죠."

"작업 초기 콘셉트를 짤 때,
나는 간결한 수직선으로 이루어진 우주선이
바다를 밝히다가 수면을 뚫고 솟아오르는
모습을 생각해 봤습니다."
조지 헐, 콘셉트 아티스트

78~79쪽: 아트레이데스 기함의
초기 콘셉트 그림.

아래: 바다에서 기함이
솟아오르는 모습을 묘사한 최종
일러스트.

80~81쪽: 전투 우주선의 다양한 시안.

던컨의 우주선

원래 이 우주선을 처음 구상할 때 염두에 두었던 장면은 결국 삭제되었지만, 드니는 이 우주선 모양이 마음에 들어서 새로운 자리를 마련해 주었다. 그래서 편집 과정에서 던컨 아이다호가 이 우주선의 조종간을 잡고 우주선을 한계까지 밀어붙이는 장면이 추가되었다.

조지 힐은 이렇게 설명한다. "이 스케치는 구름과 산속에서 회전할 수 있는 수직날개 디자인을 시험 삼아 그려본 것입니다. 공기 역학과 아무 상관 없는 거대한 암반 지대에 이상하게 마음이 끌리더군요. 전혀 어울리지 않는 것들을 나란히 붙여서 보기 드문 혼합체를 만들어 내는 것이 좋습니다." 나중에 파트리스가 이 우주선에 트랩과 착륙 장치를 추가해 칼라단의 격납고에 집어넣었다. 칼라단의 격납고는 후반작업 때 콘셉트 아티스트 디크 페랑이 디자인했다.

82~83쪽: 변화를 알리는
전령이 아트레이데스를 만나기
위해 칼라단에 착륙했다.

위: 제국 우주선의 콘셉트 그림.

아래: 제국 우주선 트랩
일러스트.

"하이라이너는 신비롭게 보여야 했어요. 강렬하지만 상당히 간결한 디자인입니다."

디크 페랑, 콘셉트 아티스트

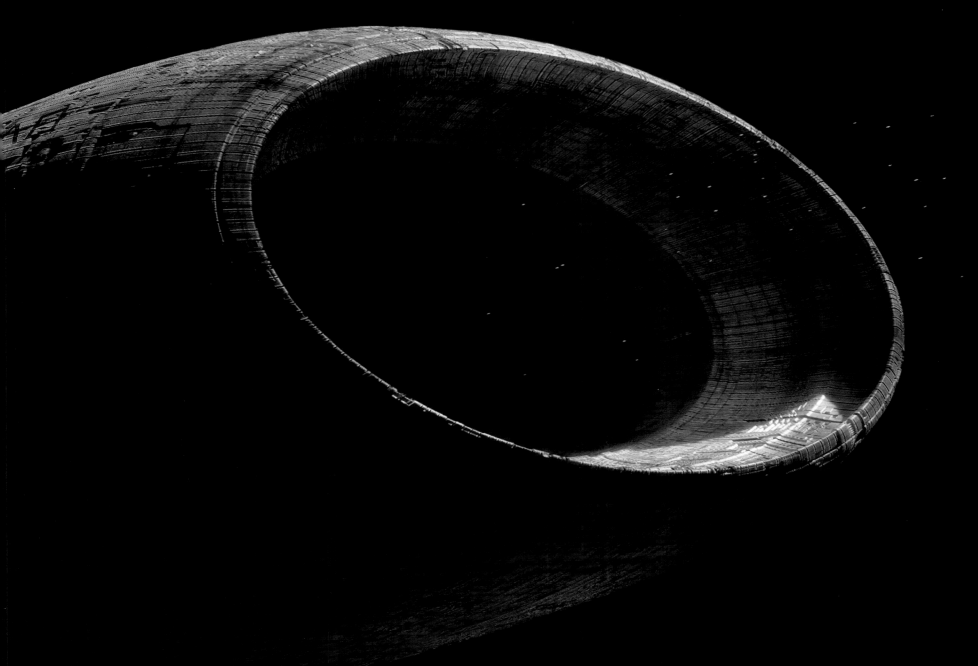

하이라이너

<듄>에서 우주여행을 하려면 하이라이너를 이용해야 한다. 이 거대한 우주선은 사람과 화물을 싣고 먼 행성들 사이를 오갈 수 있다. 아트레이데스 가문도 아라키스로 갈 때 이 우주선을 이용한다.

콘셉트 디자이너 겸 스토리보드 아티스트인 샘 후데키는 하이라이너를 구상하면서 가장 먼저 비틀린 종이 튜브 비슷한 디자인을 떠올렸다. "완전한

튜브 형태는 아니고, 모든 각도에서 모양이 다르게 보이는 디자인이었어요." 디크 페랑도 프로덕션 디자이너 파트리스 베르메트와 함께 씨를 뺀 올리브 모양, 도넛 모양, 아보카도 모양 등등 다양한 형태를 시험해 보았다. 콘셉트가 계속 발전하는 동안에도, 우주공간을 향해 솟아오르는 육중한 원통형 우주선이라는 아이디어는 계속 살아남았다.

84쪽 위: 아보카도 모양의 하이라이너 초기 일러스트.

84~85쪽: 하이라이너 최종 디자인.

GIEDI PRIME

지에디 프라임

지에디 프라임은 하코넨 가문의 본거지다. 하코넨은 인류에게 알려진 우주 전역을 지배하고자 하는 가문인데, 그들의 지도자인 블라디미르 하코넨 남작은 레토 아트레이데스 공작과 정반대로 잔혹하고, 남을 마음대로 조종하려 하는 나르시시스트다. 그는 야망과 무자비한 성격 덕분에 엄청난 권력과 부를 손에 쥐었다.

하코넨 가문의 철권통치와 부에 대한 집착으로 지에디 프라임은 생물 다양성을 계속 잃고 있다. 이 행성의 모든 지역에서 산업화와 채굴이 이루어지고 있으며, 어느 구석도 착취와 공해를 피하지 못한다. 파트리스 베르메트는 캐나다 북부에서 영감을 얻어 이 행성의 지상 풍경을 디자인했다. 캐나다 북부는 광물 채굴과 비슷한 과정을 통해 땅에서 오일샌드를 파내는 곳이다. 그 덕분에 원유를 뽑아낼 수 있으나, 주변 환경은 파괴되었다. 지에디 프라임에서는 이미 파괴된 땅에 구조물들이 빽빽이 들어차서 전적으로 인공적인 건물로만 이루어진 세상이 만들어졌다.

86~87쪽: 지에디 프라임 풍경 초기 시안.

88쪽 아래: 나중에 나온 지에디 프라임 풍경 콘셉트 그림. 최종적으로 영화에는 사용되지 않았다.

88~89쪽: 하코넨 저택 외관 최종 일러스트.

지에디 프라임의 풍경에서 두드러지는 것은 하코넨 저택이다. 저 멀리 커다란 둥근 지붕을 이고 있는 이 건물에 들어가려면 꼭대기에 있는 접이식 승강기를 이용해야 하는데, 마치 어두운 짐승에게 통째로 먹히는 것 같은 기분이 든다. 이 저택에 들어가려는 사람은 위험을 감수하고 이 장치를 이용하는 수밖에 없다.

남작의 접견실이 여러 개의 갈비뼈로 구성된 흉곽 안처럼 보이는 것은 우연이 아니다. 이 방은 해골처럼 죽음과 부패를 일깨워 준다.

"남작의 방은 유기물과 흡사한 모양이에요. 고래, 흉곽, 해골을 연상시키죠."

파트리스 베르메트, 프로덕션 디자이너

90~91쪽: 블라디미르 하코넨 남작의 방을 묘사한 콘셉트 그림.

91쪽 위: 스파이스 색깔의 구가 있는 남작의 공식 접견실.

91쪽 아래: 남작의 방을 공중에서 내려다본 모습.

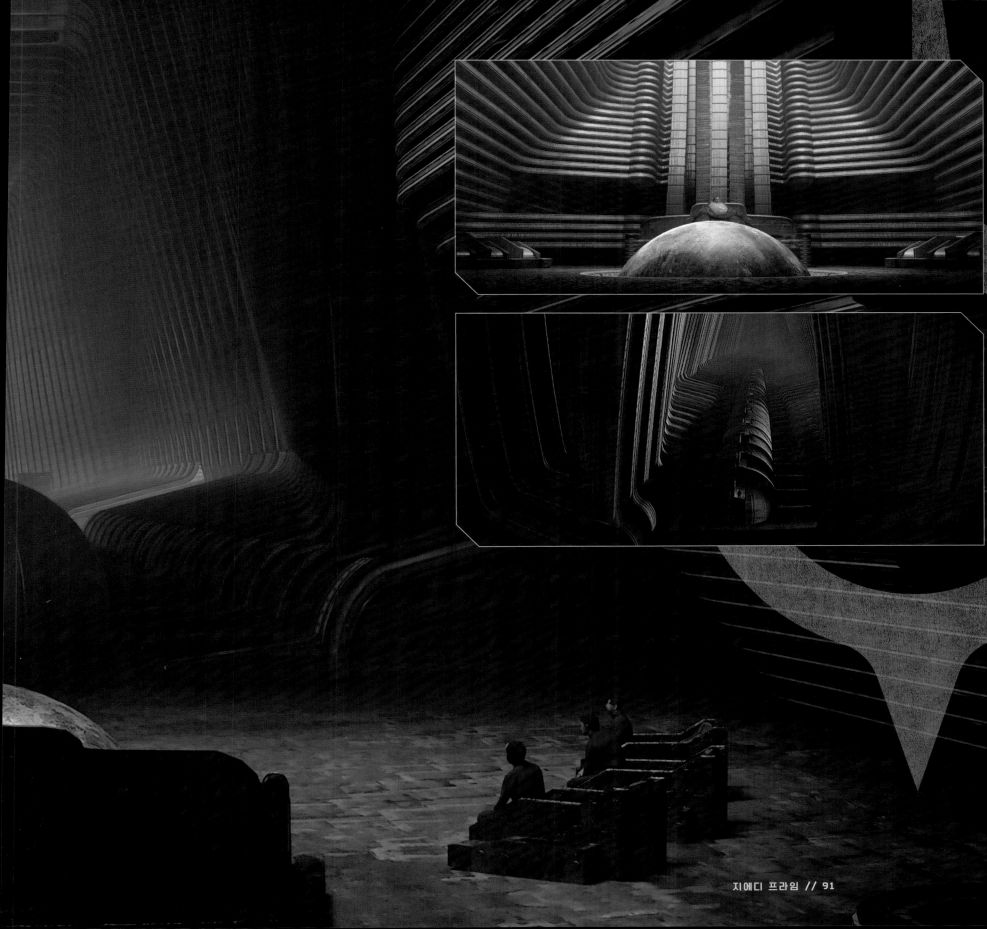

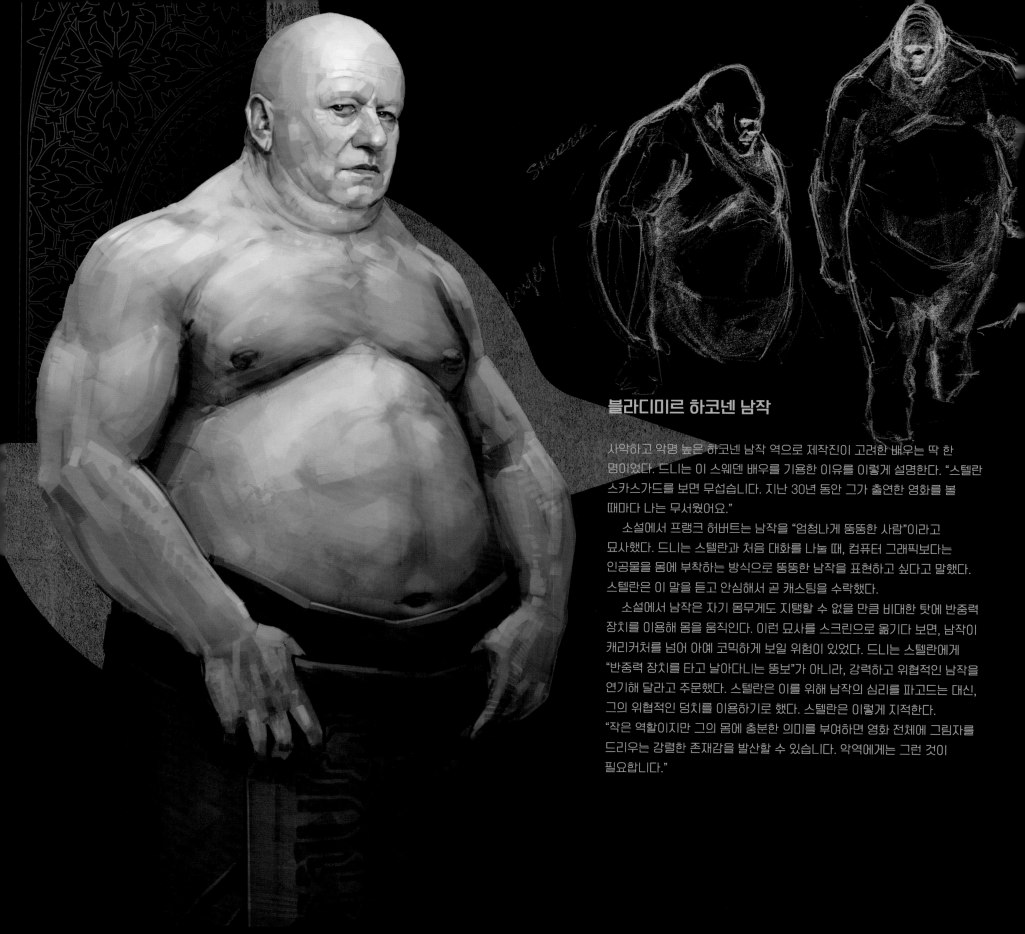

블라디미르 하코넨 남작

사악하고 악명 높은 하코넨 남작 역으로 제작진이 고려한 배우는 딱 한 명이었다. 드니는 이 스웨덴 배우를 기용한 이유를 이렇게 설명한다. "스텔란 스카스가드를 보면 무섭습니다. 지난 30년 동안 그가 출연한 영화를 볼 때마다 나는 무서웠어요."

소설에서 프랭크 허버트는 남작을 "엄청나게 뚱뚱한 사람"이라고 묘사했다. 드니는 스텔란과 처음 대화를 나눌 때, 컴퓨터 그래픽보다는 인공물을 몸에 부착하는 방식으로 뚱뚱한 남작을 표현하고 싶다고 말했다. 스텔란은 이 말을 듣고 안심해서 곧 캐스팅을 수락했다.

소설에서 남작은 자기 몸무게도 지탱할 수 없을 만큼 비대한 탓에 반중력 장치를 이용해 몸을 움직인다. 이런 묘사를 스크린으로 옮기다 보면, 남작이 캐리커처를 넘어 아예 코믹하게 보일 위험이 있었다. 드니는 스텔란에게 "반중력 장치를 타고 날아다니는 뚱보"가 아니라, 강력하고 위협적인 남작을 연기해 달라고 주문했다. 스텔란은 이를 위해 남작의 심리를 파고드는 대신, 그의 위협적인 덩치를 이용하기로 했다. 스텔란은 이렇게 지적한다. "작은 역할이지만 그의 몸에 충분한 의미를 부여하면 영화 전체에 그림자를 드리우는 강렬한 존재감을 발산할 수 있습니다. 악역에게는 그런 것이 필요합니다."

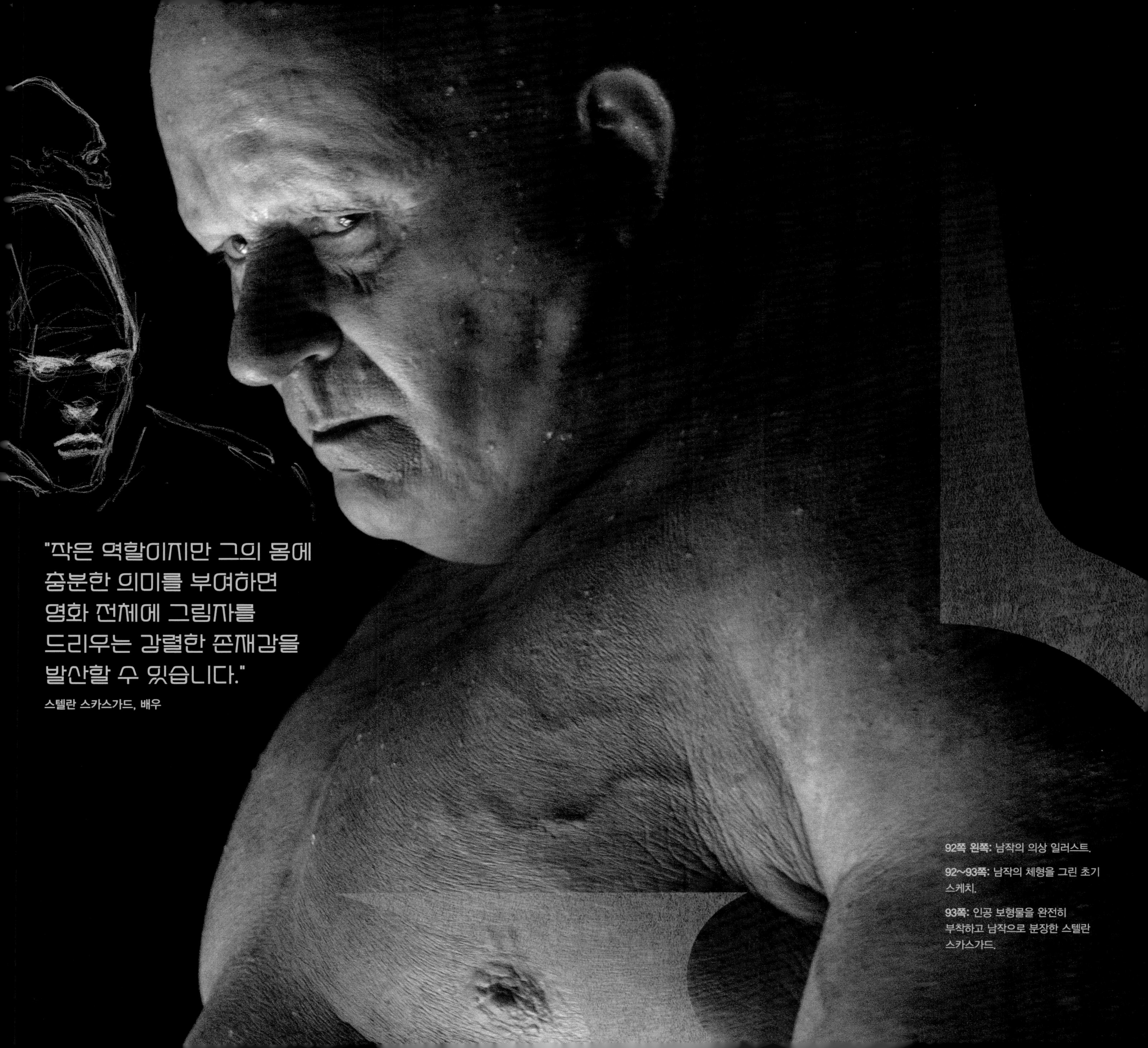

"작은 역할이지만 그의 몸에
충분한 의미를 부여하면
영화 전체에 그림자를
드리우는 강렬한 존재감을
발산할 수 있습니다."

스텔란 스카스가드, 배우

92쪽 왼쪽: 남작의 의상 일러스트.

92~93쪽: 남작의 체형을 그린 초기
스케치.

93쪽: 인공 보형물을 완전히
부착하고 남작으로 분장한 스텔란
스카스가드.

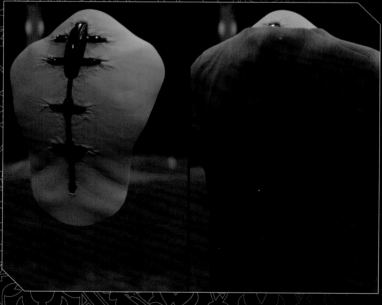

왼쪽 위: 반중력 장치를 가동해 허공으로 떠오른 블라디미르 하코넨 남작(스텔란 스카스가드).

왼쪽 아래: 남작의 반중력 장치를 시각효과로 나타내기 위한 장치.

오른쪽: 공중에 뜬 남작의 검은색 실크 로브를 묘사한 의상 디자인.

95쪽: 남작의 체형과 동작을 그린 초기 스케치.

짐승 같은 모습

남작의 체형은 상당한 연구 개발 단계를 거쳐 완성되었다. 그의 체형,
몸의 비율, 근육 등을 아주 정밀하게 디자인해야 메이크업팀이 보형물을
만들 수 있었다. 콘셉트 디자이너 겸 스토리보드 아티스트인 샘 후데키는
이렇게 회상한다. "우리는 거품처럼 몸이 뚱뚱하게 부푼 남작의 모습을
여러 형태로 만들어 보다가 이런 생각이 들었어요. '아니, 왜 더 짐승 같은
모습이 안 나오지?'"

그러던 중 드니가 제시한 거대 해마의 사진이 핵심적인 기준점이
되었다. 그 뒤에야 비로소 샘은 남작의 체중, 움직임, 행동에 손을 대서
조금 인간 같지 않은 느낌을 만들어 냈다. 그는 또한 남작이 까치발로
걷는 모습도 그림으로 그렸다. 그가 항상 반중력 장치를 사용한다는
사실을 일깨우기 위해서였다. 샘은 이렇게 말한다. "그 덕분에 그가 아주
조금 우아하고, 한없이 무섭게 보일 것이라는 점이 마음에 들었습니다."

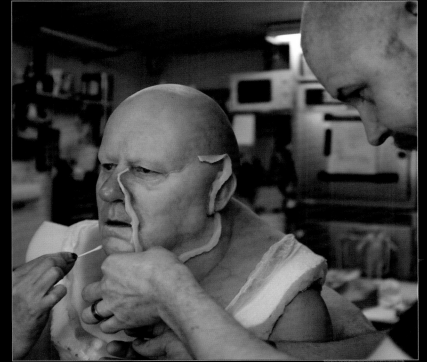
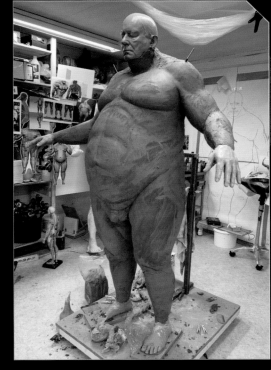

남작의 몸 만들기

남작의 전신 보형물 제작은 분장팀의 작업에서 가장 중요했다. 보형물 부착과 분장을 위해 스텔란은 길게는 일곱 시간을 가만히 앉아 있어야 했다. 그는 이렇게 말한다. "메이크업 아티스트들의 작업을 구경하는 것이 재미있어서 정신적으로는 견딜 수 있었습니다. 하지만 신체적으로는 대서양을 가로지르는 비행기에서 아주 형편없는 좌석에 앉아 있는 것 같았어요."

사전작업 초반에 헤어와 메이크업 디자이너 도널드 모윗은 루베 라르손과 에바 폰 바르 부부에게 도움을 청했다. 보형물 전문가인 이 두 사람은 남작이라는 인물을 생생히 살려내는 작업에 도전하기로 했다. 이 부부가 이끄는 팀은 스톡홀름에 사는 스텔란과 함께 18주 동안 여러 벌의 전신 보형물을 제작했다. 하루 촬영이 끝날 때마다 배우의 몸을 보형물에서 꺼내려면 필연적으로 보형물을 파괴하는 수밖에 없기 때문이다.

남작의 몸을 디자인하는 작업의 첫 단계는 실물 크기 찰흙 조각상 제작이었다. 이 조각상은 비대한 몸에 숨겨진 힘도 보여주어야 했다. 도널드는 이렇게 회상한다. "보형물 크기가 어마어마하기 때문에 한번은 루베가 조각가 열 명이 그 작업에 매달려 있다고 말한 적이 있습니다." 남작의 몸이 거대하다 해도, 신체 각 부분의 비율을 최대한 자연스럽게 만들어야 했다. 도널드는 이렇게 설명한다. "남작의 몸이 평범한 사람의 열 배쯤 되는 것은 아니었어요. 우리는 현실을 바탕으로 힘 있게 보일 만한 덩치를 선택했습니다."

촬영이 있는 날 스텔란은 새벽 4시 30분에서 아침 8시 사이에 촬영장으로 나와 오후 촬영을 준비했다. 분장팀은 먼저 남작의 머리와 어깨를 그에게 부착한 다음, 점차 몸의 다른 부분을 추가했다. 여기에는 거품처럼 생긴 패딩을 몸에 붙이고 열을 식혀 주는 조끼를 입는 과정도 포함되었다. 때로는 반중력 장치를 표현하기 위해 스텔란을 공중으로 들어 올릴 장비를 입기도 했다. 이 모든 과정이 끝나고 나면, 루베와 에바가 팀원들을 이끌고 스텔란의 전신에 가짜 피부를 붙여 작업을 마무리했다.

가장 섬세한 작업은 얼굴 분장이었다. 극단적인 클로즈업도 무리 없이 소화하면서, 스텔란이 감정을 표현하는 연기를 할 때 방해가 되지 않아야 했기 때문이다. 도널드는 이렇게 말한다. "때로는 보형물을 조금 덜어내거나, 강렬한 분장을 줄일 필요가 있습니다. 그래야 배우의 얼굴을 볼 수 있으니까요."

96쪽: 루베 라르손(왼쪽)이 팀원들과 함께 스텔란 스카스가드의 인공 보형물에 마지막 손질을 하고 있다.

97쪽: 스톡홀름에 있는 에바 폰 바르와 루베 라르손의 스튜디오에서 스텔란 스카스가드의 인공 보형물을 제작해서 그에게 시험 삼아 입혀보고 있다.

98쪽: 남작의 다양한 의상들.

99쪽 왼쪽: 남작의 갑주 콘셉트 일러스트.

99쪽 오른쪽: 공중에 뜬 남작의 초기 콘셉트.

남작의 새로운 의상

그다음 과제는 육중한 블라디미르 하코넨에게 그의 지위, 사악한 기질, 쾌락주의 성향을 보여주는 옷을 입히는 것이었다. 의상 디자이너 재클린 웨스트는 이렇게 말한다. "나는 그를 사악하고 슬픈 군벌로 보았어요." 이런 생각을 바탕으로 그녀는 구로사와 아키라 감독이 봉건시대 일본을 배경으로 찍은 영화들을 참고해 남작의 갑주를 디자인했다.

드니는 남작이 일상생활을 할 때 파자마 같은 옷을 입으면 좋겠다고 생각했다. 그가 통치자의 역할을 할 때 공식적인 옷차림에 신경 쓰지 않는 성격임을 표현하기 위해서였다. 재클린은 이렇게 말한다. "그가 설명하는

남작은 <지옥의 묵시록>에 나오는 커츠 대령과 비슷했습니다. 나는 그 영화에서 말런 브랜도가 걸치고 나오는 검은 천 같은 옷이 처음부터 아주 마음에 들었어요. 그 옷을 입으면 그의 얼굴만 빛이 나고, 몸은 사라져 버리죠. 얼굴이 어둠 속에 신비롭게 떠 있는 구처럼 보입니다." 그러나 재클린은 파자마 대신 길고 검은 실크 로브를 디자인했다. 언뜻 한없이 흘러내리는 것 같은 천이, 남작이 일어나면 차츰 펴진다. "드니는 남작이 둥둥 떠다니는 것처럼 보이면 좋겠다고 말했어요. 그래서 나는 그의 몸이 어디서 끝나는지 보이지 않으면 근사할 것 같다고 말했죠." 재클린의 말이다.

"라반은 몹시 가학적이고 비열하며,
위협과 공포를 수단으로 삼습니다.
사악함과 고통이 그의 먹이예요."
데이브 바티스타, 배우

글로수 라반 하코넨

라반은 하코넨 가문의 후계자이며 사악한 인물이다. 이 역을 맡은 배우
데이브 바티스타는 드니의 최근 작품에서 통제를 벗어난 레플리컨트를
연기했다. 드니는 이렇게 말한다. "<블레이드 러너 2049>에서 데이브와
함께 작업하는 것이 즐거웠기 때문에 <듄>에도 꼭 그를 캐스팅하고
싶었습니다." 데이브는 자신의 배역을 이렇게 설명한다. "라반은 몹시
가학적이고 비열하며, 위협과 공포를 수단으로 삼습니다. 사악함과 고통이
그의 먹이예요."

이 인물은 정말로 성질이 나쁜 야만인이다. 데이브는 이렇게 말한다.
"라반이 세상에서 두려워하는 것은 백부인 남작뿐입니다. 정말로 백부의
마음에 들고 싶어 하지만, 남작은 그를 자신이 벌인 큰 게임판 속의 장기말로
보는 경향이 있어요. 그들은 친척이지만 애정은 존재하지 않습니다."

드니는 처음부터 하코넨 사람들이 햇빛이나 적절한 영양분을 접할 수
없는, 심하게 오염된 환경에서 살고 있을 것이라고 상상했다. 따라서 지에디
프라임의 주민들은 몹시 창백한 피부, 어두운 눈, 체모가 전혀 없는 몸을
지녔다. 따라서 데이브를 비롯해 하코넨 가문의 인물을 연기하는 배우들은
머리카락을 모두 밀고 눈썹을 가리는 패치를 붙여 불길하고 사악한 외모를
연출해야 했다.

100쪽: 글로수 라반 하코넨을
연기하는 데이브 바티스타.

100 // 듄: 메이킹 필름북

왼쪽: 라반의 잉크바인 채찍은
지에디 프라임의 덩굴식물로 만든
것이다.

아래와 오른쪽: 라반의 갑주를
묘사한 의상 일러스트.

"컴퓨터가 없는 세상에 대해
많은 생각을 해보았습니다.
정말 엄청난 아이디어였어요.
사람이 컴퓨터의 기능과 중요성을
대신할 수 있다니."

데이비드 다스트말치안, 배우

파이터 드 브리즈

아트레이데스 가문과 마찬가지로 하코넨 가문도 입수되는 데이터를
처리하고 정치적으로 전략적인 결정을 내릴 때 멘타트에게 의존한다. 파이터
드 브리즈는 라이벌인 투피르 하와트처럼 인간 컴퓨터 역할을 하지만,
보완해 주는 특징은 하나도 없이 오로지 냉혹하기만 하다는 점이 투피르
하와트와 다르다. 드니는 <프리즈너스>와 <블레이드 러너 2049>에서 함께
일한 배우 데이비드 다스트말치안을 <듄>에 캐스팅하면서 크게 기뻐했다.
드니는 이렇게 말한다. "나는 파이터 역할이 데이비드에게 딱 맞는다고
생각했습니다. 그는 아주 창의적이고 다재다능한 배우예요. 내가 영화에서
항상 그의 배역을 죽이는데 매번 방식이 다르다는 농담을 우리끼리 하곤
합니다. 그는 죽는 연기를 아주 잘합니다."

파이터 드 브리즈는 남작에게 헌신하는 마음만으로 움직이는 무자비한
인물이다. 데이비드는 이렇게 설명한다. "남작은 나의 상관, 나의 영웅, 나의
주인입니다. 파이터는 또한 하코넨 가문이 스파이스를 계속 장악해야 한다는
명분에도 헌신적으로 동조하죠." 황제가 아라키스를 아트레이데스 가문에
넘기자, 파이터는 스파이스가 풍부한 이 행성을 어떻게 하면 남작이 다시
차지할 수 있을지 계산하는 데 중요한 역할을 한다.

데이비드는 이 역할을 준비하면서 소시오패스의 심리적 메커니즘에
관한 글을 읽었다. 파이터 같은 인물이 감정을 완전히 배제한 채 움직이는
과정을 이해하기 위해서였다. 그는 또한 프랭크 허버트의 소설도 연구했다.
"컴퓨터가 없는 세상에 대해 많은 생각을 해보았습니다. 정말 엄청난
아이디어였어요. 사람이 컴퓨터의 기능과 중요성을 대신할 수 있다니."

데이비드는 <블레이드 러너 2049>에서 코코 역할을 하기 위해 머리카락을 모두 밀었지만, <듄>에서는 그렇게 할 수 없었다. 다른 영화에서 맡은 배역 때문이었다. 따라서 그는 매일 분장실 의자에 세 시간 동안 앉아서, 그에게 맞춰 제작한 대머리 가발과 눈썹 패치로 분장을 받아야 했다.

분장을 마친 뒤에는 가죽 느낌이 나는 날씬한 튜닉으로 갈아입었다. 파이터의 이 의상은 잉마르 베리만 감독의 영화 <제7의 봉인>(1957년)에서 죽음을 연기한 벵트 에케롯에게서 영감을 얻어 디자인한 것이다. 이렇게 의상까지 전부 갖추고 나면, 데이비드는 아주 천천히 움직였다. 그의 태도 전체가 순식간에 바뀌는 것이 조금 으스스할 정도라서 파이터의 분위기와 아주 잘 어울렸다. 데이비드는 이렇게 설명한다. "파이터가 실제 인물처럼 선명해지는 느낌이 들었습니다."

102쪽: 부다페스트에서 특수효과로 만든 비를 맞고 있는 파이터 드 브리즈 역의 데이비드 다스트말치안.

왼쪽: 아랫입술에 사포액 문신이 있는 파이터 드 브리즈(데이비드 다스트말치안)의 독특한 모습.

오른쪽: 파이터 드 브리즈의 의상 일러스트.

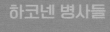

하코넨 병사들

하코넨 병사들은 영화에서 항상 갑주를 입고 등장한다. 전쟁이 곧 그들의 삶이다. 의상 디자이너 재클린 웨스트와 밥 모건은 <듄>의 세계에서 이들의 의상을 디자인할 때 아주 즐거워했다. 그들은 드니가 그리는 이미지에 맞춰, 레트로와 미래가 함께 존재하는 스팀펑크 장르뿐만 아니라 무엇이든 '지나치게 SF 같은 것'도 모두 피했다. 대신 들고 나온 것이 그들 스스로 '현대적인 중세'라고 표현한 스타일이었다. 재클린은 이렇게 말한다. "하코넨 의상은 어둡고, 정체를 알 수 없을 것 같은 느낌을 풍겨요. 역시 타로카드에서 큰 영향을 받았죠." 하코넨의 갑주에는 곤충을 연상시키는 질감과 비늘 층도 들어갔다. 밥은 이렇게 말한다. "투구도 마치 개미 같아요. 몸은 거미를 연상시키고요." 이런 특징들 때문에 하코넨 군대가 한밤중에 아트레이데스 가문을 공격하는 장면에서는 그들의 실루엣이 으스스해 보인다. "누구도 본 적이 없는 것을 새로 창조해 내는 작업이 정말 좋았습니다." 밥의 말이다.

104쪽: 하코넨 투구의 연구 개발 과정을 보여주는 일러스트.

105쪽 왼쪽: 하코넨 갑주의 초기 콘셉트 그림과 최종 디자인을 나란히 비교했다.

105쪽 오른쪽: 하코넨의 다양한 검 디자인.

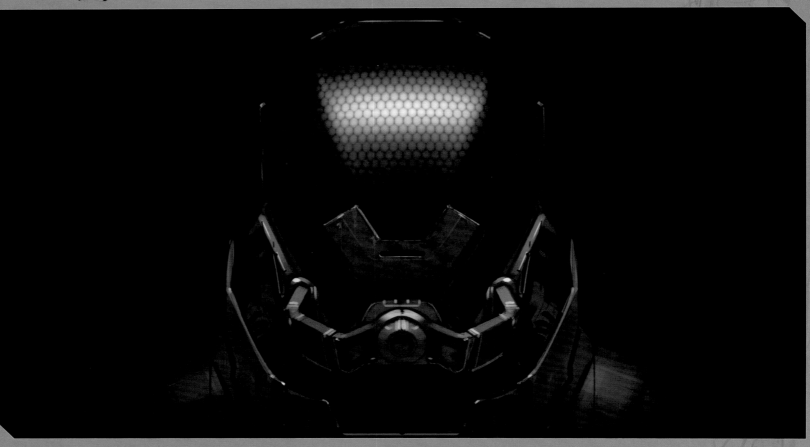

하코넨의 검과 무술

하코넨의 무기는 아트레이데스의 것과 크게 다르다. 우아한 아트레이데스의 무기와 달리, 하코넨의 것은 육중하고 투박하다. 소도구 담당자 더그 할로커는 이렇게 설명한다. "드니는 하코넨 문화가 얼마나 야만적인지 보여주고 싶어 했습니다. 그들은 아트레이데스만큼 정밀하거나 세련되지는 않지만, 최대한 강력한 물리적 타격을 입혀요."

하코넨의 야만적인 무술을 만들어 내기 위해 로저 위안은 고대 몽골의 전술에서 여러 요소를 빌려왔다. "하코넨의 규율은 두려움을 바탕으로 삼습니다. 실패를 두려워하는 마음과 남작을 두려워하는 마음. 그들은 남을 고문하면서 즐거워하지만, 자신이 고통받는 것은 원하지 않습니다. 따라서 그들은 죽기를 각오하고 가학적으로 싸우죠."

하코넨 우주선

영화를 만들 때 드니는 항상 쉽게 예측할 수 있거나 진부한 콘셉트, 아이디어, 이미지를 피하려고 한다. 하코넨 우주선이 사악한 분위기를 풍기는 전형적인 모습이 아닌 이유가 바로 그것이다. 이 우주선을 디자인한 콘셉트 아티스트 디크 페랑은 이렇게 말한다. "나쁜 놈들이 항상 위협적으로 보이는 우주선을 타고 다니는 것은 말이 되지 않아요. 이 우주선들도 겉모습만 보면 거의 착해 보입니다."

106~107쪽: 하코넨 프리깃함의 다양한 콘셉트 그림.

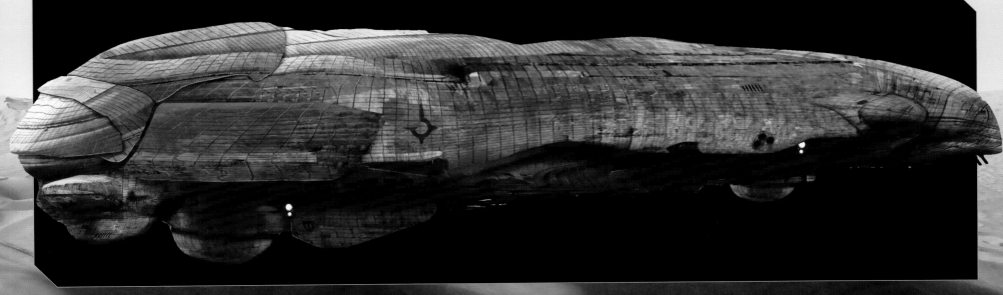

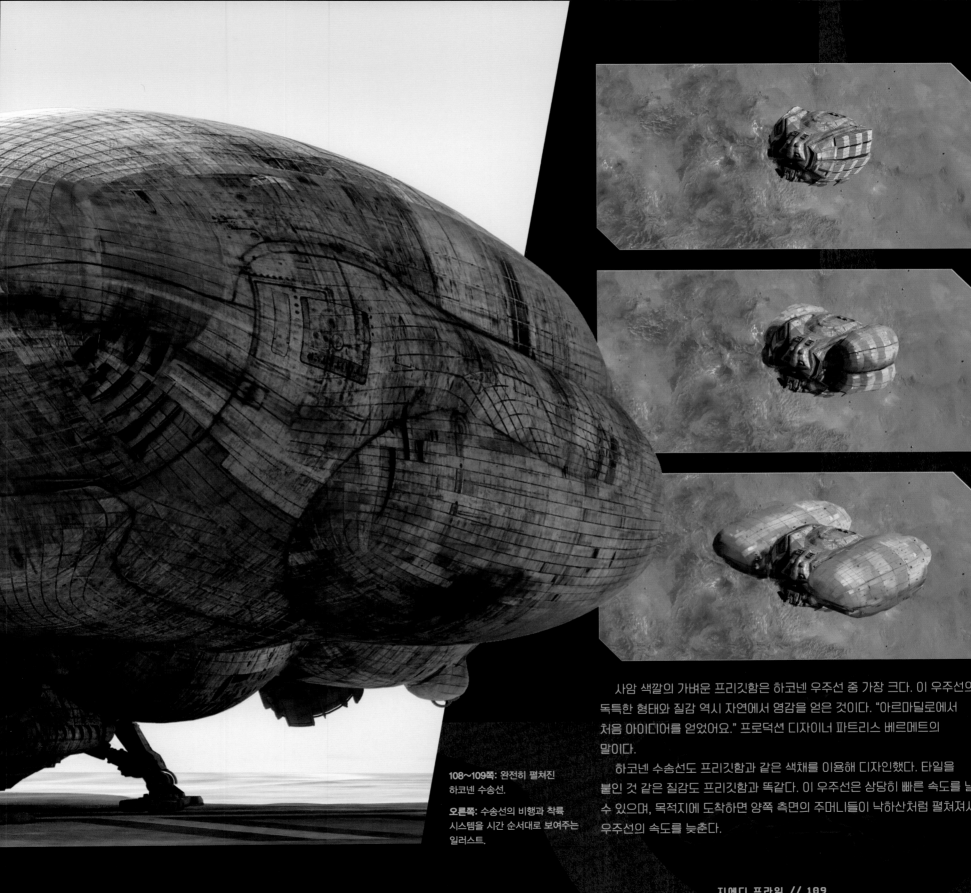

사암 색깔의 가벼운 프리깃함은 하코넨 우주선 중 가장 크다. 이 우주선의 독특한 형태와 질감 역시 자연에서 영감을 얻은 것이다. "아르마딜로에서 처음 아이디어를 얻었어요." 프로덕션 디자이너 파트리스 베르메트의 말이다.

하코넨 수송선도 프리깃함과 같은 색채를 이용해 디자인했다. 타일을 붙인 것 같은 질감도 프리깃함과 똑같다. 이 우주선은 상당히 빠른 속도를 낼 수 있으며, 목적지에 도착하면 양쪽 측면의 주머니들이 낙하산처럼 펼쳐져서 우주선의 속도를 늦춘다.

108~109쪽: 완전히 펼쳐진 하코넨 수송선.

오른쪽: 수송선의 비행과 착륙 시스템을 시간 순서대로 보여주는 일러스트.

하코넨 크롤러

하코넨 함대에는 스파이스 크롤러도 포함된다. 아라키스의 사막에서
스파이스를 추출할 때 사용하는 기계다. 드니는 곤충같이 생겼다는 프랭크
허버트의 묘사에 착안해서 자신이 생각해 낸 디자인에 대해 이렇게 말한다.
"오징어나 무서운 거미 같은 모양의 수확기를 생각했습니다." 크롤러는
콘셉트 아티스트인 조지 헐이 초창기 난상토론 과정에서 디자인했지만
처음에는 대본에 등장하지 않았다. 그래도 드니의 잠재의식 속을 비집고
들어가 남아 있다가 결국 영화에도 나오게 되었다. 조지는 이렇게 회상한다.
"이것은 <듄>의 제작이 시작되기를 초조하게 기다리면서 내가 드니에게
보낸 디자인입니다. 그런데 2년 뒤 그가 전화를 걸어 이 그림이 나오는
악몽을 꾸었다며 영화 첫 장면에 이것을 넣고 싶다고 말하는 거예요." 조지는
과거의 디자인을 찾아내서 상세한 구조들을 덧붙였다. 이 기계가 단순히
사막에서 움직이는 모습만이 아니라 게걸스레 스파이스를 수확하는 모습도
보여주는 것이 더 중요하다고 생각했기 때문이다. 영화 완성본에서 이
기계는 하코넨과 프레멘이 아라키스에서 스파이스를 두고 전쟁을 벌이는
도입부에 등장한다.

> **"낯선 것들을 나란히 배치하는 것이 좋아요.
> 관객이 영화에서 경이감을 느끼는 것이
> 꼭 필요하다고 믿기 때문입니다."**
>
> 조지 헐, 콘셉트 아티스트

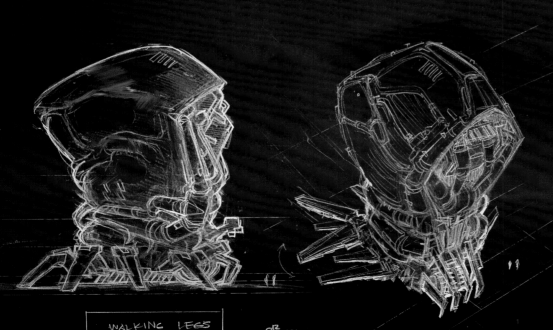

110~111쪽: 하코넨 수확기
콘셉트 그림.

아래: 하코넨 수확기의 구조를
연구한 초기 스케치.

WALKING LEGS   or ...

SALUSA SECUNDUS

"이 황량한 행성에는
주로 바위들이
기묘한 풍경을 이루고 있다."

112~113쪽: 프랑스 파리에서 영감을 얻은 살루사 세쿤더스의 콘셉트 그림.

114~115쪽: 이 행성의 환경을 묘사한 초기 일러스트.

아래: 연단에서 영창하는 제국 성직자를 묘사한 콘셉트 그림.

115쪽 아래: 수천 명의 사다우카들이 휘날리는 제국 깃발 아래에서 전투를 위해 대기하고 있다.

살루사 세쿤더스는 제국의 감옥행성으로, 제국의 법을 어긴 범죄자들이 수용되어 있다. 이 비인간적인 행성에서 끝내 살아남는 죄수는 많지 않다. 그러나 죄수 중 가장 강한 자들은 황제의 군대에 뽑혀가서 훈련을 통해 사다우카로 거듭난다. 사다우카는 우주에서 가장 강력한 군대다.

이 황량한 행성에는 주로 바위들이 기묘한 풍경을 이루고 있다. 파트리스 베르메트는 이렇게 말한다. "앞에 실린 그림은 공중에서 내려다본 파리의 풍경에서 영감을 얻어 그린 것입니다. 건물들을 돌로 만들면 파리가 그 그림처럼 보일 거예요." 실제로 파리의 지도에서 예전에 에투알 광장이었던 샤를드골 광장을 확대해 보면, 대로들이 여러 구역을 향해 거미줄처럼 뻗어나간 것을 볼 수 있다. 살루사 세쿤더스를 그린 그림과 상당히 흡사하다.

RODEO

사다우카

황제의 엘리트 군대인 사다우카는 훈련된 살인기계이며, 재산처럼 관리된다. 드니는 바이킹처럼 키가 크고, 수염을 기르고, 척 보기에도 만만치 않은 사다우카를 원했다. 헤어와 메이크업 디자이너 도널드 모윗은 사다우카 군인들의 이마에 일련번호를 넣어, 이들이 제국의 철저한 통제하에 있음을 표시했다.

  사다우카의 제복은 우주복과 갑주가 섞인 형태라서, 군인들이 우주선에서 공격태세를 갖춘 채 곧바로 땅으로 뛰어내릴 수 있다. 이 의상은 우주에서 입을 수 있는 가벼운 옷처럼 보이면서도, 전장에서 확실히 군인을 보호해 줄 수 있어야 했다. 의상 디자이너 재클린 웨스트는 이렇게 말한다. "의상을 로봇처럼 만들지 않는 것이 힘들었습니다." 공동 의상 디자이너인 밥 모건은 이렇게 덧붙인다. "드니는 자신이 원하는 투구의 모양을 아주 정확하게 말해 주었습니다. 바이저를 통해 얼굴이 얼마나 보여야 하는지까지."

116~117쪽: 초기 드로잉에서부터 촬영에 사용된 의상까지 사다우카 제복의 디자인 변천사를 보여주는 일러스트.

118~119쪽: 살루사 세쿤더스에서
죄수들을 거꾸로 뒤집은 십자
형태로 매달아 놓은 모습을
묘사한 콘셉트 그림.

119쪽 아래: 사다우카 전쟁
이시이 촬영 모습.

전쟁 의식

드니는 〈듄〉의 여러 집단이 각각 뚜렷한 문화를 갖고 있어야 한다고
생각했다. 사다우카의 경우에는 고도로 의식화된 전쟁 예식을 통해 그들의
야만적인 삶이 표현된다. 이 의식이 묘사되는 장면은 아주 오싹하다. 한
군단의 군인들이 무표정하게 차렷자세로 서서, 거꾸로 매달린 죄수 수십
명을 바라본다. 칼에 베인 죄수들의 목에서 아래쪽에 있는 커다란 그릇
속으로 피가 흘러내린다. 사다우카 군인들이 각각 사제 앞에 무릎을 꿇고
앉으면, 사제는 죄수의 피를 찍어 그들의 이마에 묻힌다.

우리가 2019년에 5개월 동안 촬영하면서 블루 스크린을 이용해
찍은 장면은 이것이 유일하다. 촬영 장소는 부다페스트 스튜디오 부지의
공터였고, 바닥에는 석판을 늘어놓아 이 의식이 치러지는 살루사 세쿤더스의
분위기를 냈다. 뒤에 세워둔 블루 스크린은 후반작업 때 행성 풍경으로
바꾸고, 사다우카 군인들을 추가했다. 멀리 제국 우주선들도 그려 넣었다.

사다우카 무술

사다우카의 검은 닌자 검에서 영감을 얻어 만들었다. 위험하고 잔혹하지만 정밀한 검이다. 소도구 담당자 더그 할로커는 이렇게 설명한다. "우리는 그들이 사용하는 날붙이를 통해 그들의 전쟁철학을 창조해 내려고 했습니다."

소도구팀은 사다우카의 레이저총도 디자인했다. 영화에서 제국 군인들은 폴 아트레이데스를 추적하던 중 버려진 사막 연구기지의 금속 문을 이 총으로 자른다.

사다우카는 일반 병사나 다른 집단의 군인과 확연히 구분되는 독특한 무술을 사용한다. 무술감독 로저 위안은 이렇게 말한다. "그들은 엘리트 군대예요. 특수부대처럼 훈련받기 때문에 한 팀으로 움직입니다. 전투에서도 밀집대형으로 가죠." 그들의 검술은 치명적이고 정확하다. 로저는 "그들의 공격은 사무라이처럼 단칼에 목숨을 끊는 방식"이라고 덧붙인다. 사다우카는 중세 일본의 이 전사들과 마찬가지로 죽음을 두려워하지 않는다. 로저는 이렇게 말한다. "사무라이 정신과 바이킹 정신의 혼합입니다 그들은 영광스러운 죽음을 추구해요."

왼쪽: 레이저총을 든 사다우카의 콘셉트 일러스트.

오른쪽 아래: 이 의상 디자인에서는 갑주의 팔에 다트총이 내장되어 있다.

121쪽 왼쪽: 칼을 높이 들고 공격하는 사다우카.

121쪽 오른쪽: 제국 사다우카의 검 콘셉트.

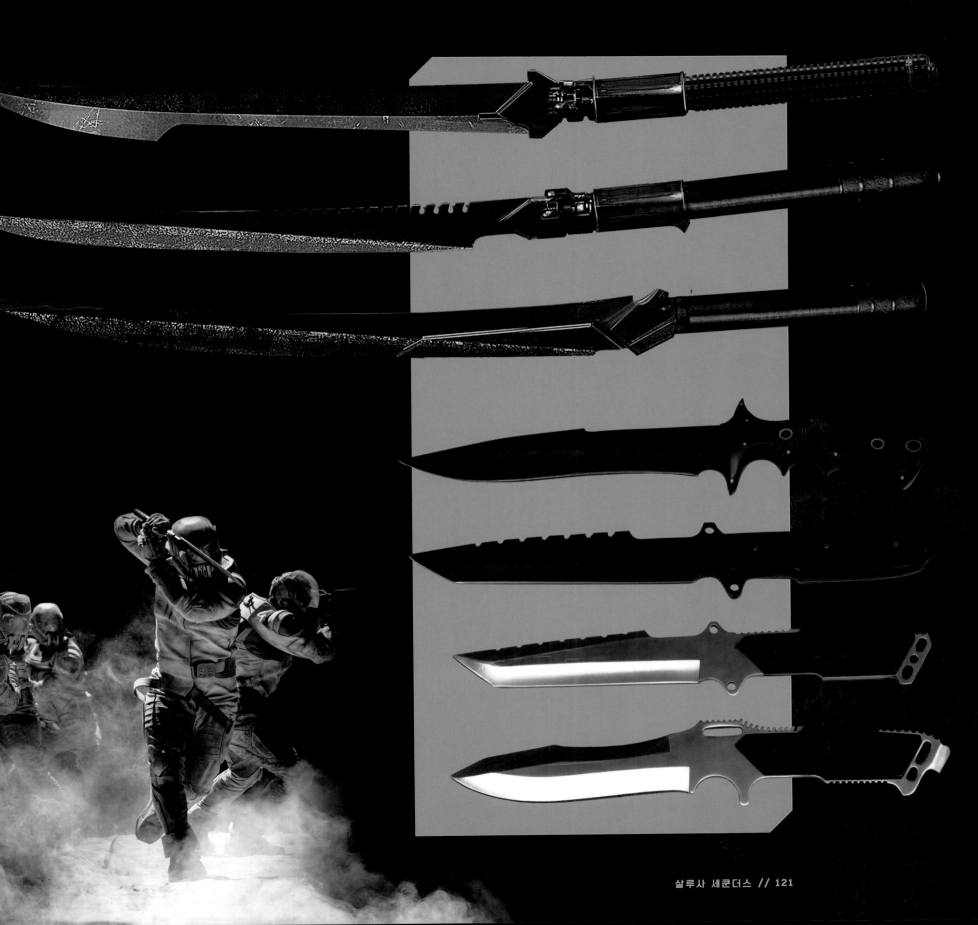

122~123쪽: 사다우카를
전장으로 수송하는 제국

ARRAKIS

아 라 키 스

아라키스는 사막행성이며, 우주에서 유일하게 스파이스를 수확할 수 있는 곳이다. 하코넨 가문은 80년 동안 이 봉토를 단단히 틀어쥐고서, 자신의 돈줄인 스파이스를 지키기 위해 사막에 사는 프레멘들을 억압하고 살해했다. 그러나 프레멘은 이 고향 행성에 대해 웅대한 꿈을 품고 있다. 지상에 다시 물이 흐르게 해서 생태계를 재건하는 꿈.

아트레이데스가 이곳의 지배자로 와서 아라킨 레지던시에 자리를 잡자, 좋은 날이 올 것이라는 희망이 생긴다. 레토 공작은 프레멘과 싸우는 대신 동맹관계를 형성하려고 시도한다. 나중에 시간이 흐른 뒤 폴 아트레이데스는 이 사람들과 이 행성에 대한 자신의 책임이 생각했던 것보다 더 크다는 사실을 깨닫게 된다. 시나리오 작가 에릭 로스는 이렇게 썼다. "이 얼마나 대단한 여정입니까. 예언자로 태어난 것도 무거운 부담인데, 생태계의 맹목성으로 고통받은 행성에 가게 되다니. 우리 행성을 망가뜨리고 있는 우리의 맹목성을 생각하게 됩니다."

아라키스의 위성들

위성 두 개가 아라키스의 궤도를 돌고 있다. 시각적인 면에서 이 두 개의 달은 우리가 지구와는 아주 다른 행성에 있다는 느낌을 단단히 심어준다. 영화는 프랭크 허버트의 묘사를 충실히 따랐다. 작은 달에는 캥거루쥐의 모양을 한 구덩이들이 있고, 큰 달에는 인간의 손을 닮은 무늬가 있다.

두 개의 달이 다른 세상의 것처럼 보이는 것이 드니에게는 아주 중요했다. 어느 날 요르단 사막에서 촬영하던 중 갑자기 크고 밝은 달이 머리 위에 나타났다. 누군가가 영화에 나올 달의 참고자료로 그 달을 찍어두자고 제안했다. 티모테 샬라메는 이렇게 회상한다. "요르단 촬영 때 가장 좋았던 순간이에요. 그 제안에 드니가 이렇게 말했거든요. '저 달은 너무 작아요. 듄에는 커다란 달이 두 개나 있다고요.' 웃기려고 한 소리가 아니라 진심이었어요. '뭐? 저 달은 웃기지도 않아'라고."

124~125쪽: 아라키스 풍경을 묘사한 초기 일러스트.

126쪽: 두 개의 달이 떠 있는 아라킨시.

위: 각각 뚜렷한 무늬가 있는 두 달의 상세 일러스트. 하나에는 손 모양 같은 무늬가 있고, 다른 달에는 캥거루쥐를 닮은 무늬가 있다.

던컨 강하

던컨 아이다호는 아라키스에서 평화사절의 임무를 맡아 프레멘을 만나려고 가장 먼저 지상으로 내려간다. 제이슨 모모아는 이렇게 말한다. "낯선 땅으로 파견되어 그곳의 토착민들을 만나는 것은 아름다운 일입니다. 던컨은 명예를 아는 인물이에요." 초기 대본에서는 던컨이 이 머나먼 행성으로 향하는 모습이 영화의 첫 장면이었다.

먼저 던컨이 우주선에서 아라키스를 내려다보는 모습이 시작이었다. 아라키스 행성의 따뜻한 빛깔들이 그의 우주 헬멧에 반사된다. 던컨은 해치를 밀고 나와 행성을 향해 머리부터 떨어진다. 그 덕분에 관객은 그의 관점에서 아라키스를 처음으로 바라볼 수 있다. 던컨은 바위가 있는 지표면을 향해 점점 빠르게 강하한다. 지면이 가까워지자 그는 반중력 허리띠를 작동해 바위 위에 부드럽게 착지한다.

우리는 이 장면을 두 군데에서 찍었다. 던컨이 밀고 나올 우주선 해치는 부다페스트의 스튜디오에 3층 높이 LED 스크린과 나란히 서 있었다. 시각효과 담당인 폴 램버트는 행성의 콘셉트 그림을 바탕으로 우주에서 본 아라키스 모습을 만들어 냈다. 한 장면을 찍을 때마다 시각효과 장면이 LED 화면에 나타났기 때문에 그레그 프레이저 촬영감독은 헬멧의 바이저에 비치는 행성의 모습을 적절히 잡아낼 수 있었다.

오른쪽: 던컨의 우주복 의상 일러스트.

왼쪽 아래: 던컨 아이다호가 우주선에서 뛰어내리는 모습을 표현한 콘셉트 그림.

129쪽: 스턴트 배우가 3층 높이의 LED 화면 앞에서 아라키스로 우주 다이빙을 하는 연기를 하고 있다.

"던컨이 밀고 나올
우주선 해치는 3층 높이
LED 스크린과
나란히 서 있었다."

이 장면의 두 번째 촬영지는 요르단 사막이었다. 우리는 커다란 크레인에 제이슨과 그의 대역을 맡은 스턴트맨을 태워 사막에 내려놓는 방식으로, 반중력 허리띠를 켠 던컨의 착지 장면을 찍었다.

나중에 영화에서 삭제된 이 장면에 사용된 우주복은 사다우카 갑주와 같은 패턴을 바탕으로 만들어졌지만, 스타일은 크게 달랐다. 여기에 은색 천을 쓴 것은 필립 코프먼이 1983년에 미국 최초의 우주비행사들을 소재로 만든 고전 영화의 영향이다. 의상 디자이너 재클린 웨스트는 이렇게 말한다. "드니가 우주복을 원한다면서 하얀색 말고 다른 색도 가능한지 모르겠다고 말하던 기억이 나네요. 그래서 내가 〈필사의 도전〉에 은색 우주복이 나왔다고 말했더니 그의 얼굴이 환해졌어요."

그러나 결국 드니는 이 우주 강하 장면 전체를 들어내기로 했다. 프랭크 허버트가 확립한 《듄》의 스타일과 어울리지 않는 것 같아서였다.

위: 요르단 와디 럼 사막에서 던컨의 착륙 장면을 촬영했다.

130~131쪽: 던컨이 아라키스에 도착하는 모습을 묘사한 초기 콘셉트 그림.

우주공항

아트레이데스 수송선이 칼라단을 떠나 오랜 여행 끝에 아라키스에 착륙한다.
폴의 시각에서 펼쳐지는 이 장면에서 우주선의 트랩이 내려가면, 이글거리는
햇빛, 지글거리는 더위, 모래를 잔뜩 품은 바람이 스크린에 모습을 드러낸다.
드니는 관객들이 폴과 똑같은 시각에서 이 행성을 바라보며 햇빛에 잠시
눈이 머는 경험을 하기를 원했다.

　이 장면은 또한 영화의 스케일이 급격히 바뀌었음을 보여준다. 파트리스
베르메트는 이렇게 설명한다. "아라키스는 현실을 초월한 곳이에요.
우주공항에서 지금까지와는 크게 다른 삶이 펼쳐질 것이라는 인상을 주어야
했습니다." 이 테마는 소설과 영화에 몇 번이나 되풀이해서 등장한다. 광대한
사막 앞에서 느끼는 무력감과 고독. "드니가 내게 참고하라고 보내준 고대
메소포타미아 신전 지구라트의 모습과 이 아이디어, 그리고 브루탈리즘(특히
1950~60년대에 거대한 콘크리트나 철제 블록 등을 사용하던 건축양식-
옮긴이) 건축물을 좋아하는 나의 취향을 혼합하기 시작했습니다."

　아트레이데스 가문이 아라키스에 착륙하는 장면을 촬영하기 일주일
전에 드니는 꿈에서 아이디어를 얻었다. 꿈에 나온 백파이프를 보고, 이
스코틀랜드 전통 악기를 이 장면에 포함시켜 칼라단과 아라키스 두 문화의
충돌을 강조하는 효과를 내보자는 생각을 하게 된 것이다. 그래서 음악가를

132~133쪽: 아트레이데스
수송선이 아라키스에 착륙하는
모습을 그린 일러스트.

아래: 아라키스 도착 장면
촬영에서. 트랩이 내려지자
아트레이데스 일가 역할을 맡은
배우들의 모습이 나타난다.

> "도착하자마자 아트레이데스 가문이
> 아라키스의 규모에 압도되는 듯한
> 느낌을 주어야 했어요."
>
> 파트리스 베르메트, 프로덕션 디자이너

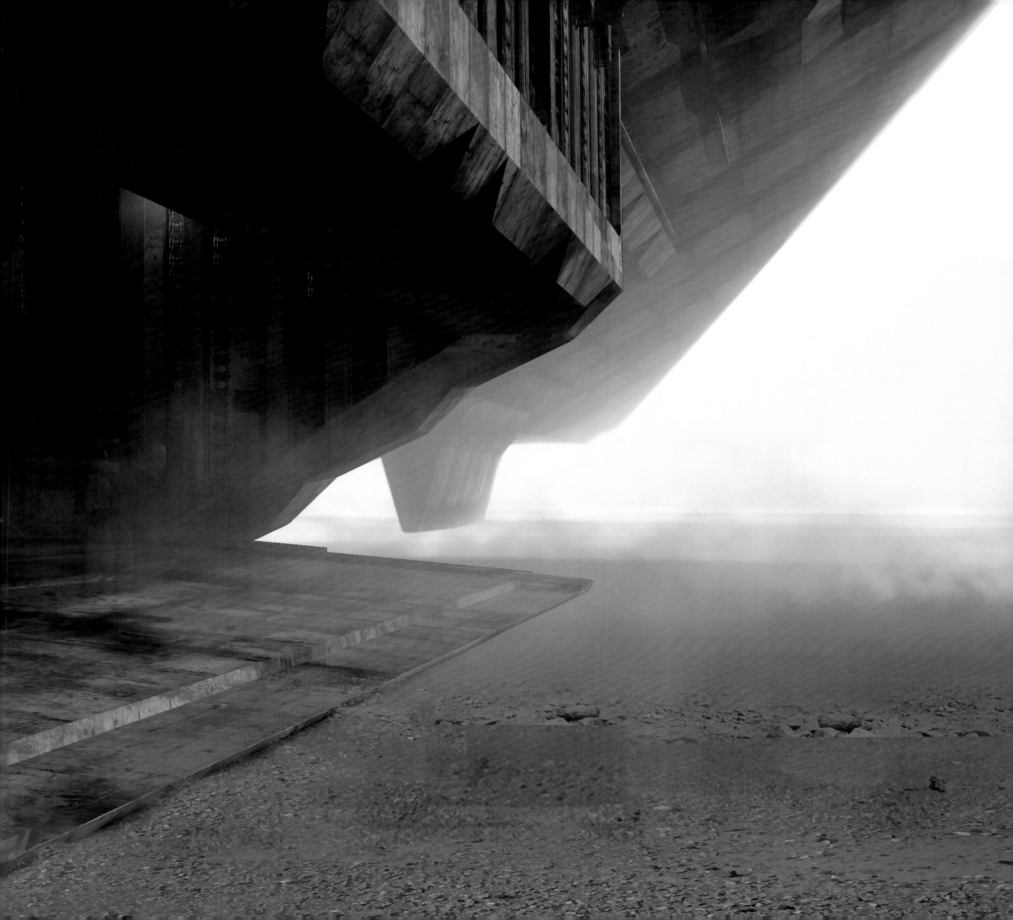

급히 수배해 아트레이데스 가문의 백파이프 연주자 역을 맡겼다. 드니는
이렇게 말한다. "영화에 나오는 백파이프는 이 음악이 그토록 오랜 세월이
흘렀어도 남아 있다는 걸 보여줌으로써, 관객에게 지구를 떠올리게 한다는
점이 마음에 듭니다."

　　우주공항 장면에는 아주 넓은 공간이 필요했기 때문에, 제작팀은 이
장면의 촬영 계획을 세울 때부터 다양한 장소를 물색했다. 결국 부다페스트
스튜디오가 최선이라는 결론이 나왔다. 가로세로가 각각 150미터, 105
미터인 야외 촬영장 한곳에 아스팔트를 깔아 아라키스 우주공항의 활주로를
만들었다. 프로듀서 조 카라치올로는 이렇게 회상한다. "우리가 단장한 야외
촬영장의 규모가 엄청나기는 했어요. 하지만 3개월 동안 우리가 찍어야
하는 모든 장면에 필요한 공간의 넓이를 합하면 아마 그 스물다섯 배쯤
됐을 겁니다." 실외든 실내든 우리는 항상 거대하고 나실적인 세트장에서

촬영했다.

　　우리가 살루사 세쿤더스의 의식 장면 외에는 촬영할 때 블루 스크린이나
그린 스크린을 사용하지 않았지만, 모래 빛깔 스크린을 배경막으로
사용하기는 했다. 이 배경막은 나중에 시각효과로 대체되었다. 이 모래색
스크린은 우리가 만들어 낸 세계와 잘 어울렸기 때문에, 배우들을 포함한
촬영팀 전체가 실제 사막과 상당히 비슷한 단색 풍경에 푹 잠겨들었다.
이 독창적인 아이디어를 낸 사람은 시각효과 담당인 폴 램버트였다.
그는 이렇게 설명한다. "모래 색깔을 반전하면 파란색이 된다는 사실을
깨달았거든요. 그래서 블루 스크린 대신 모래색 스크린을 세우기로 했죠.
이미지를 그 스크린보다 더 넓게 펼친 영상을 얻기 위해 색을 반전하면
모래색 스크린이 블루 스크린이 됩니다. 정말 효과가 좋아요." 이 스크린은
빛을 더 자연스럽게 반사했다. 정말로 모래언덕에 반사되는 것 같아서

촬영에 크게 도움이 되었다. 그레그 프레이저는 이렇게 설명한다. "빛이 제대로 나오지 않으면 결과물도 좋지 않은데, 모두 폴 덕분이에요. 최고의 배우, 최고의 대본, 최고의 편집, 최고의 시각효과를 위해 온갖 노력을 기울였는데도 관객이 화면 속 빛 때문에 영화에 집중하지 못한다면 영화의 다른 부분까지 망치는 꼴이 됩니다."

134~135쪽: 아트레이데스 수송선에서 본 우주공항을 묘사한 콘셉트 그림.

오른쪽 아래: 촬영장에서 모래 색깔 스크린에 둘러싸여 있는 실물 크기 오니숩터. 저 스크린들은 나중에 시각효과를 추가할 때 화면의 풍경을 합대하는 데 쓰였다.

136~137쪽: 모래 섞인 바람에
시달린 아라킨의 건물들을
보여주는 콘셉트 일러스트.

아래: 도시 풍경의 다른 디자인.
단단한 콘크리트 지붕이 거리들을
덮고 있다.

아라킨시

아라킨은 아트레이데스의 새로운 권력 중심지다. 정치활동과 경제활동이
모두 여기서 일어나고, 스파이스 정제도 여기서 이루어진다. 넓게 펼쳐진
이 대도시 주위를 산이 에워싸고, 방어벽이 경계선 역할을 한다. 산과
방어벽은 도시의 시민들과 산업을 모래폭풍, 적의 공격, 사막에 사는
거대한 모래벌레로부터 보호해 준다.

드니는 이 도시에 고독감과 고립감을 표현하고 싶어 했다. 이런 느낌을
얻기 위해 그는 디크 페랑과 함께 콘셉트를 짜면서 세세한 부분들을
다듬어 순수하면서도 질감이 풍부한 디자인을 만들어 냈다. 디크는 이렇게
설명한다. "예술가 입장에서는 소박함을 추구하기가 힘들어요. 세세한
부분들 뒤에 숨을 수가 없으니까. 또한 예술가는 자신의 예술적인 솜씨를
본능적으로 자랑하고 싶어 합니다. 하지만 우리는 겸손함을 유지하려고
했어요."

아이디어를 발전시키는 동안 파트리스가 다른 디자인들을 내놓았다.
커다란 돌덩이들로 덮인 아라킨의 건물과 거리 풍경이었다. 콘셉트
디자이너 겸 스토리보드 아티스트인 샘 후데키는 이렇게 설명한다.
"자연의 힘으로부터 도시를 보호하는 데에 중점을 둔 아이디어였어요."
그는 파트리스의 콘셉트를 그림으로 그렸다. 비록 드니는 최종적으로
다른 방향의 디자인을 선택했지만, 파트리스의 콘셉트는 나중에 아라킨의
시장이나 거리 등 작은 부분에 반영되었다. 영화에서 던컨이 하코넨의
공격을 피해 탈출할 때 이 풍경 속을 날아간다.

아라킨 레지던시

아라킨의 핵심은 바로 레지던시다. 드니는 이렇게 말한다. "아트레이데스 가문의 새로운 집이 된 레지던시는 수천 년 동안 사막의 바람에 실려 온 모래에 긁히고 닳은 건물처럼 보여야 했습니다. 이 건물은 처음부터 거대한 모래폭풍을 이겨낼 수 있게 설계되었어요. 이 행성에서는 3주마다 한 번씩 모래폭풍이 일거든요." 작업 초기에는 여러 콘셉트의 레지던시 디자인이 제안되었다. 그중에는 댐을 연상시키는 것도 있고, 기차를 닮은 것도 있었다. 궁극적으로 아라키스의 환경에 가장 유기적으로 어울리는 것은 피라미드 형태라는 결론이 내려졌다. 허버트 이스테이트 측은 이 건물을 귀족의 대저택이라기보다는 정부 청사처럼 만들어 달라고 요청했다.

138~139쪽: 아라킨 레지던시의 콘셉트 그림.

오른쪽 위: 기차에서 영감을 얻은 레지던시의 초기 디자인.

"레지던시는 수천 년 동안
사막의 바람에 실려 온 모래에
긁히고 닳은 건물처럼 보여야 했습니다."

드니 빌뇌브, 감독

위: 레지던시 뜰의 콘셉트
일러스트.

141쪽 왼쪽 아래: 신성한
대추야자수가 있는 뜰을 공중에서
내려다본 그림.

141쪽 오른쪽 아래: 아라킨
주민들의 의상 디자인 콘셉트
그림.

레지던시의 외형을 디자인할 때는 필요한 물품들의 보급 문제를 고려해야
했다. 또한 레지던시의 격납고, 공작의 발코니, 도시를 내다볼 수 있는 방
등 이야기 진행에 필수적인 장소들이 전체와 잘 어울리게 배치되어야 했다.
디크는 이 모든 요건을 반영한 상세한 그림을 그렸다. 레지던시 건물과는
별도로 디자인한 뜰도 여기에 포함되었다.

뜰에는 대추야자수가 두 줄로 완벽하게 줄을 맞춰 서 있다. 아라키스

사람들이 신성하게 여기는 이 나무는 초목이 무성한 미래에 대한 희망을
상징한다. 그때가 되면 물이 충분히 흘러서 인간과 자연이 모두 편안히 살아갈
수 있을 것이다. 파트리스는 이렇게 말한다. "뜰 세트장에 넣으려고 만든 이
대추야자수는 혼합종이에요. 줄기는 스페인에서 왔고, 길고 커다란 이파리는
터키산입니다. 두 가지 종으로 만들었으니 프랑켄슈타인 야자수인 셈이죠."

"이 영화에서 우리가 진짜 같은
세계를 생생하게 구현해 냈다는
생각에 정말 신이 났습니다."

메리 페어런트, 프로듀서

스튜디오 6

배우들이 처음 부다페스트에 도착했을 때 세트장을 구경시켜주는 일은
정말 즐거웠다. 그들이 놀라서 입을 쩍 벌리는 모습은 아무리 봐도 질리지
않았다. 세트장이 워낙 커서 그 거대함에 눌려 현실과 동떨어진 느낌이 든다.
스튜디오 6에 지은 아라킨 레지던시 세트가 그중에서도 가장 컸다. 복도도
널찍하고, 천장은 높고, 가로로 좁게 난 창문을 통해 들어오는 스튜디오
불빛이 눈이 멀 것 같은 사막의 햇빛을 연출했다. 미니멀한 디자인인데도
아주 오래된 대저택처럼 느껴지는 세트였다. 배우 스티븐 매킨리 헨더슨은
이렇게 말한다. "어렸을 때 본 영화 〈십계〉와 〈벤허〉가 생각나더군요. 이
세트장에 처음 들어섰을 때 생각난 게 그거였습니다. 마치 피라미드 안에서
일하는 것 같은 기분이었어요."

메리 페어런트는 이렇게 설명한다. "이 영화에서 우리가 진짜 같은
세계를 생생하게 구현해 냈다는 생각에 정말 신이 났습니다. 드니가 처음
본능적으로 필요하다고 생각한 것이 바로 이 점이고, 우리도 이 이야기에
생명을 불어넣으려면 이 점이 중요하다고 생각했어요."

레지던시 복도 장면은 가능한 한 모든 각도에서 해당 장면의 시간대에
맞춰 조합된 다양한 조명으로 촬영되었다. 그중에 폴 아트레이데스가
모래벌레를 묘사한 커다란 프레스코를 지그시 올려다보는 장면이 있다.

142쪽: 폴 아트레이데스(티모테
살라메)가 레지던시의 모래벌레
프레스코를 보고 있다.

아래: 스튜디오 6에서 제1조감독
크리스 카레라스와 배우 오스카
아이작.

기반으로 한 그림이라 해도, 수십만 킬로미터나 떨어진 곳의 햇빛을 그대로 재현할 수는 없는 법입니다. 그림의 느낌을 그대로 재현하는 데 방해가 되는 기술적 한계가 아주 많았어요." 그레그는 세트장을 밝히는 데 LED 기술을 이용했다. 그래서 휴대용 조종 장치로 빛의 밝기와 색조를 섬세하게 조절할 수 있었다. 그레그는 이렇게 설명한다. "필요한 조명 장비를 모두 구하는 것도 만만치 않았습니다. 촬영에 필요한 장비의 규모가 엄청난데, 그런 것은 사실상 세상에 존재하지 않기 때문이죠."

레지던시 세트는 스튜디오 6의 지붕까지 닿는 높이였지만, 벽은 5.4미터 높이까지만 지어졌다. 그 위에는 모래 색깔 스크린을 세워 천장 색깔을 흉내 냈다. 그 덕분에 폴 램버트가 후반작업 때 컴퓨터로 세트의 벽을 연장해서 붙여 넣을 수 있었다. 야외 촬영장 작업 때와 마찬가지로, 그레그는 모래 색깔 스크린 덕분에 실내에서도 사실적인 장면을 얻을 수 있었다. "그린 스크린이나 블루 스크린은 대개 세트장을 어둡게 만들기 때문에 촬영에 영향을 미칩니다. 그러나 우리 세트장에서는 그런 일이 일어나지 않았어요. 빛이 모래 색깔 스크린에서 자연스럽게 반사됐기 때문이죠. 성공적인 전략이었습니다."

144쪽: 레지던시 계단의 콘셉트 그림. 이 그림이 세트장에 그대로 재현되었다.

위 왼쪽: 아라킨 발광구 최종 디자인.

위 오른쪽: 다른 발광구 디자인.

아래: 부부 침실과 폴의 방으로 통하는 복도 디자인.

레토의 집무실

레토 공작의 아라킨 집무실은 레지던시 세트장과는 별도의 스튜디오에
있었으나, 크기는 높은 기둥과 웅장한 문이 있는 레지던시 복도의 규모와
일치했다. 처음 우리가 이 세트장을 방문했을 때에는 아직 세트를 짓는
작업이 한창 진행 중이었다. 드니는 벽의 색깔이 지나치게 따뜻하다고
생각했다. 이곳의 황량한 환경을 나타내려면 더 서늘한 색조가 필요하다고
보았기 때문이다. 그레그는 이렇게 말한다. "색에 관한 한 나는 아주 꼼꼼한
편인데, 드니도 그렇습니다. 그 점에서 우리는 환상의 콤비라 할 만해요.
그냥 기존의 조명으로 대충 찍는 것으로는 만족할 수 없습니다. 전체적인

찾아냈다고 생각한 기억이 납니다. 그런데 드니가 이렇게 말하는 거예요. '음, 정말 아름다운 상자네요. 하지만 그보다 스무 배는 더 커야 합니다.'" 드니는 손가락이 고작 스무 개쯤 들어가는 상자를 원하지 않았다. 아트레이데스의 스파이스 채취 인력을 분쇄하고 말겠다는 남작의 결의를 보여주기 위해 손가락 수천 개를 상자에 넣을 생각이었다. 소도구팀은 찻잎 상자를 모델로 삼아 크기를 엄청나게 늘린 상자를 새로 제작했다. 더그는 이렇게 회상한다. "그 상자가 열리고 사람들이 그 안을 들여다보는 장면이 정말 마음에 들었습니다. 확실히 남작의 잔혹성을 보여주지만, 어떤 의미에서는 그가 공작에게 보내는 러브레터이기도 해요."

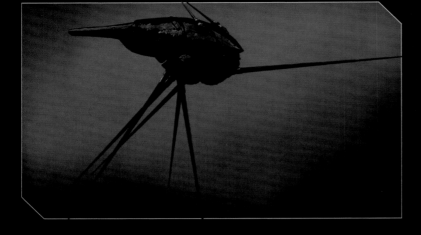

위: 사냥꾼 탐색기의 시각효과
모델.

아래: 사냥꾼 탐색기를 피해
필름책의 홀로그램 안에 숨어
있는 폴의 일러스트.

148~149쪽: 아라킨에 있는
폴의 침실 초기 콘셉트 그림.
부다페스트의 오리고 스튜디오에
이 그림 그대로 재현되었다.

레지던시, 폴의 방

아라키스에서 폴의 방에는 책상과 침대만 달랑 있을 뿐이다. 침실이라기보다 감방에 가까운 분위기다. 드니가 원한 분위기가 바로 그거였다. 더위와 위험한 것이 닿지 못하게 자기 방에 갇힌 어린 후계자. 시나리오 작가 존 스페이츠는 부다페스트 호텔에서 대본을 쓰며 폴의 이런 처지에 동병상련을 느꼈다. 그도 감히 헝가리 시내로 나갈 수 없는 처지였기 때문이다. 존은 이렇게 썼다. "폴 아트레이데스도 이런 식으로 아라키스에 왔을 것이라고 생각하면 빙긋 웃음이 났어요. 공작의 레지던시에 갇혀서 창문으로 낯선 도시 아라킨을 바라보는 소년. 언어도 관습도 모르는 그 도시로 그는 나갈 수 없었죠. 하지만 나와 비슷한 부분은 거기까지였습니다. 나는 영적인 각성 같은 것을 경험하지 않았으니까요. 그래도 그런 꿈을 꾸게 되기는 하더군요."

소설에서는 폴의 방에서 리모컨으로 조종하는 치명적인 장치인 사냥꾼 탐색기가 그를 공격한다. 영화에서는 폴이 필름책으로 홀로그램 문서를 보고 있는데 침대 머리판에서 사냥꾼 탐색기가 모습을 드러내면서 이

장면이 시작된다. 사냥꾼 탐색기가 폴을 찾으려고 방을 수색하는 동안, 폴은 필름책에서 생성된 홀로그램 뒤에 노련하게 숨어서 사냥꾼 탐색기를 파괴할 수 있는 순간을 기다린다.

프랭크 허버트는 처음에 자연에서 영감을 얻어 이 사냥꾼 탐색기를 구상했다. 따라서 제작팀도이 기계를 디자인할 때 자연계를 참고했다. 샘 후데키는 이렇게 말한다. "우리는 개미와 말벌 등 수많은 곤충들을 살펴보았습니다. 개중에는 상당히 무서운 녀석들도 있었죠." 그러던 중 샘은 이 장치에 필라멘트를 부착해서 멀리서도 조종할 수 있게 하자는 의견을 내놓았다. 실용적인 제안이었지만, 드니는 디자인의 순수성을 위해 실용성을 희생할 때가 가끔 있다. 결국 사냥꾼 탐색기는 무선으로 공중을 날아다니고, 근처에서 하코넨 요원이 이 장치를 조종하게 하는 방안이 선택되었다. 프랭크 허버트의 묘사를 더 많이 반영한 디자인이었다.

> "프레멘은 카인즈를 크게 존경합니다.
> 그녀가 그들의 행성에 신의를 다하며
> 최고로 존중하는 태도를
> 보이기 때문이죠."
>
> 샤론 덩컨 브루스터, 배우

리에트 카인즈 박사

리에트 카인즈 박사는 아라키스에서 변화의 판관으로서, 통치자가 하코넨 가문에서 아트레이데스 가문으로 바뀌는 과정을 감독할 책임이 있다. 아라키스에서 그녀는 제국 생태학자 또는 행성학자로 불리는데, 그녀 자신은 후자를 선호한다. 프랭크 허버트의 소설에서 박사는 남성이지만, 드니와 존 스페이츠는 시나리오를 준비하는 과정에서 캐스트에 여성을 더 포함시키는 편이 좋을 것 같다는 결론을 내렸다. 드니는 이렇게 말한다. "사실 지금은 21세기잖아요. 그래서 이 점이 내게 중요했습니다. 또한 카인즈가 여성이어야 말이 된다고 생각했습니다. 이 여성이 그토록 커다란 권한을 쥐고 있는 것도 마음에 들었고요."

오랜 캐스팅 과정을 거친 끝에, 영국 배우 샤론 덩컨 브루스터가 카인즈 박사 역으로 합류했다. 처음 드니와 만났을 때 그녀는 대본도 읽어보지 않고 이 역을 수락했다고 말했다. 그녀는 이렇게 말한다. "지구상에서 가장 존경받는 감독 중 한 명인 드니의 작품이라는 말에 무조건 '네!'라고 대답했어요." 마침내 손에 쥔 대본은 그녀를 실망시키지 않았다. "내 첫 인상은 카인즈가 다층적인 권한을 쥐고 있다는 것이었어요. 권력 중심의 정치적 측면, 환경 측면, 영적인 측면, 문화적인 측면이 모두 있었습니다."

카인즈가 실제로 어느 세계에 속하는지는 불분명하다. 그녀는 다른 행성에서 왔다면서도, 프레멘 언어인 차콥사어를 할 줄 알고 그들 특유의 푸른 눈을 갖고 있다. 그녀는 프레멘의 협력자인가? 모든 증거가 그쪽을 가리키지만, 그녀의 정체는 여전히 모호하다. 샤론은 이렇게 말한다. "프레멘은 카인즈를 크게 존경합니다. 그녀가 그들의 행성에 신의를 다하며 최고로 존중하는 태도를 보이기 때문이죠. 생태학자로서 그녀는 이 행성의 생태계를 통째로 바꿔 아라키스에 평형을 되돌리려고 애써요."

이바드의 눈

카인즈의 눈처럼 파랗게 변한 눈을 소설에서는 '이바드의 눈'이라고
부른다. 오랜 기간 동안 많은 양의 스파이스를 섭취했을 때 나타나는
현상이다.

허버트가 '푸른 자위에 푸른 눈동자가 있다'고 묘사한 이 눈을
디자인하는 데에는 많은 창의력과 세심함이 필요했다. 드니는 이른바 '어둠
속에서 빛나는 좀비의 눈'을 항상 경계했다. 폴 램버트는 이렇게 말한다.
"2018년 6월에 처음 일을 시작한 순간부터, 이 파란 눈이 <듄>에서 아주
중요한 자리를 차지할 것이라는 확신이 들었습니다." 그는 배우들의
눈을 파랗게 물들이는 컴퓨터 작업을 맡았다. 콘택트렌즈를 사용하자는
의견이 나온 적도 있지만, 모래가 많은 곳에서 촬영해야 한다는 점

때문에 받아들여지지 않았다. 렌즈를 껴야 하는 배우가 엄청 많다는 점도
문제였다.

배우의 시선이나 연기를 그대로 둔 채 눈 색깔만 바꾸는 것이 시각효과
담당자에게는 만만치 않은 작업이었다. 폴 램버트는 이렇게 말한다. "색을
너무 진하게 입히거나 너무 반짝거리게 만드는 식으로 선을 넘기가 쉽죠.
관객이 시각효과를 의식하기 시작하면 이야기에 푹 빠질 수 없습니다."
그가 찾아낸 해답은 흰자위와 홍채에 부드러운 파란 색조를 첨가하는
것이었다. 그다음에는 홍채에서 살짝 색을 빼 빛이 더 많이 들어오게
했다. 자연스러운 파란 눈처럼 보이게 하기 위해서였다. 폴은 이렇게
말한다. "프레멘 역을 맡은 배우들 중에 홍채가 갈색이나 상당히 어두운
색인 사람이 많았어요. 우리는 눈동자 색을 아예 바꿔버리는 대신, 홍채의
밝기를 최대한도까지 밀어 올렸습니다."

아래: 레토 아트레이데스 공작의
집무실에 있는 리에트 카인즈
박사(샤론 덩컨 브루스터).

아라킨 격납고

레지던시의 격납고는 폴, 레토, 거니가 카인즈와 처음 만나는 장소다. 이 장면은 방음 스튜디오 두 개 사이에 차양을 팽팽하게 치고 촬영했다. 세트장 한쪽 옆이 크게 트여 있어서, 그리로 들어오는 햇빛이 이 커다란 격납고의 문을 통해 들어오는 햇빛 효과를 냈다. 이 세트장의 크기는 가로세로가 각각 27.6미터, 95.4미터였다. 촬영 전 영국에서 제작한 실물 크기 오니솝터 모형이 충분히 들어갈 수 있는 크기다. 이 세트장에 서 있으면 마치 실내에서 촬영하는 듯한 느낌이 났지만, 실제로는 평소 제작팀 차량들이 스튜디오 사이를 오갈 때 도로로 이용하는 실외 공간이었다. 파트리스의 팀은 나중에 깊은 사막 장면 촬영을 위해 이 장소를 완전히 바꿔놓았다.

"이 격납고는 미술팀에게 가장 많은 스트레스와 고민을 안겨준 세트 중 하나였습니다."

파트리스 베르메트, 프로덕션 디자이너

152쪽 아래: 촬영장에서 조시 브롤린, 오스카 아이작과 함께 있는 샤론 덩컨 브루스터.

152~153쪽: 아라킨 격납고의 콘셉트 그림.

아래: 방음 스튜디오 사이에 마련한 야외 격납고 세트장.

짧게 '오니'라고 줄여서 부르는 오니솝터는 프랭크 허버트가 소설에서 상상으로 만들어 낸 상징적인 물건이다. 드니는 이렇게 설명한다. "프랭크는 생태계에 대한 강박적인 관심을 기술과 탈것에 옮겨놓았습니다. 그는 새에서 착안한 추진 시스템으로 하늘을 나는 비행기를 상상했는데, 이것을 디자인하기가 녹록지 않았죠." 미술팀의 많은 인원이 드니, 파트리스와 함께 오니솝터 작업에 매달렸다. 샘 후데키는 곤충에서 영감을 얻었지만 헬리콥터와 비슷하게 생긴 스케치를 내놓았고, 코리 워츠와 조지 헐은 오니 디자인을 더 발전시키는 임무를 맡았다.

    브라이언 허버트나 이스테이트 측과 마찬가지로, 드니 역시 프랭크 허버트의 환상적인 상상력을 화면에 옮기려면 잠자리를 오니 디자인의 기반으로 삼는 것이 최선이라고 생각했다. 프랭크 허버트가 묘사한 오니솝터, 즉 강력하고 독특한 비행기를 최대한 충실히 재현하는 것이 모두의 목표였다.

154~155쪽: 아트레이데스 오니솝터 디자인 일러스트.

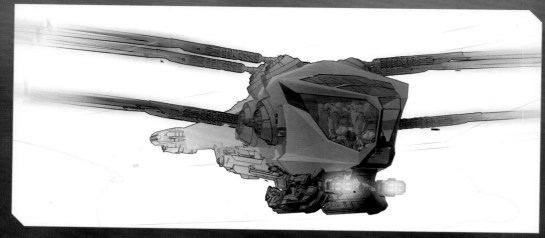

"드니는 이야기에서 경이로움을 느끼는 데 이 비행기들의 모양이 아주 중요하다고 내게 말했어요."

조지 헐, 콘셉트 아티스트

드니는 오니가 거의 군사용 비행기처럼 묵직해 보여야 한다고 생각했다. 그는 이렇게 설명한다. "오니솝터는 묵직한 기계 같은 느낌이어야 합니다. 편안함이 아니라 혹독한 기후 속에서 살아남기 위한 설계가 중요하죠. 결코 멋진 기계가 아니에요."

최종 디자인에 승인이 떨어진 뒤, 폴 램버트가 이끄는 시각효과팀이 벌새처럼 민첩한 비행 패턴을 만들어 내는 작업에 투입되었다. 오니솝터의 날개는 눈에 제대로 보이지도 않을 정도로 빠르게 움직여야 했다. 이 작품에 등장하는 다양한 사람들의 서로 다른 비행 스타일을 고안하는 일 역시 폴의 몫이었다. 예를 들어 던컨은 이착륙 시에 크게 나선형을 그리며 화려하게 비행하는 것이 특징이다.

아라킨 격납고 장면을 포함해서 여러 장면에 사용될 실물 크기 오니솝터는 BGI 서플라이즈라는 소도구 전문 회사에서 제작했다. 잉글랜드 서리의 롱크로스 스튜디오스를 기반으로 활동하는 회사다. 처음 이 오니솝터를 직접 보았을 때 드니는 그 크기에 놀라고 흥분하고 당황했다. 영국에서 이 비행기의 제작 과정을 감독한 파트리스는 이렇게 말한다. "반드시 이렇게 크게 만들어야 했어요. 그렇지 않으면 정말로 하늘을 날 수

오른쪽 위와 가운데: 오니솝터 실내 디자인.

아래: 오니솝터 전체를 묘사한 콘셉트 그림.

157쪽 위: 오니솝터 최종 디자인.

157쪽 아래: 오니솝터 초기 디자인.

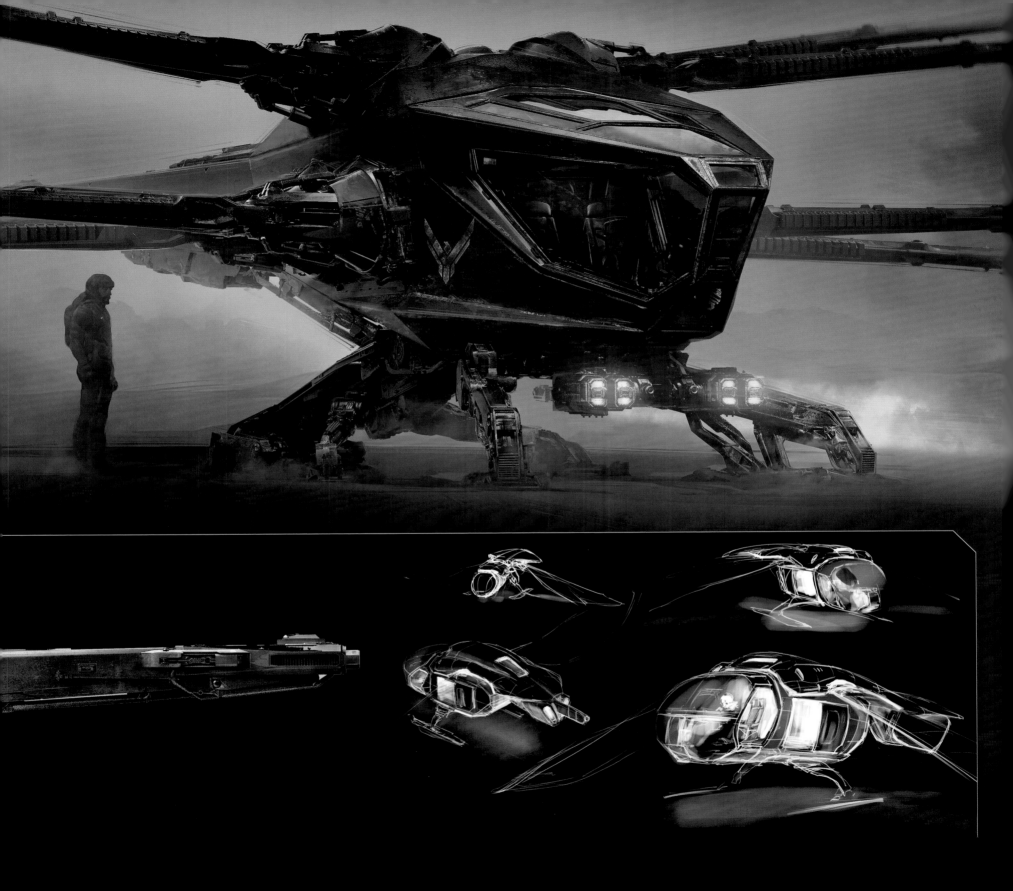

있을 것처럼 보이지 않았을 겁니다."

BGI는 영화의 여러 장면을 위해 네 가지 형태의 오니솝터를 제작했다. 가장 힘든 부분은 구조공학이었다. 오니의 외관이 진짜처럼 보이는 데서 그치지 않고, 배우들과 촬영팀이 촬영하면서 조작할 수 있게 내부 기능이 온전히 갖춰져 있어야 했기 때문이다. BGI의 스튜어트 히스는 이렇게 말한다. "그들이 정말 엄청난 디자인을 가져왔어요. 하지만 현실 세계에서 이런 비행기를 만들다 보면 물리법칙에 어긋날 때가 많습니다." 스튜어트의 팀은 카메라, 조명, 스턴트 장비, 특수효과 장비의 위치를 제작에 반영하기 위해 각 팀의 팀장들과 긴밀히 협조했다. 그는 이렇게 말한다. "이렇게 크고 시커먼 것을 요르단까지 가져가야 한다는 점도 크게 고려해야 할 문제였어요. 요르단은 기온이 아주 높은 곳입니다. 그런 더위 속에서 합성 소재들의 형태가 일그러지는 경우를 본 적이 있어요. 그래서 우리는

오니가 완성된 뒤 문제는 이것을 동유럽과 중동까지 옮기는 작업이었다. 오니의 무게는 종류에 따라 4~10톤이었다. 스튜어트는 이렇게 말한다. "오니가 너무 커서 화물트럭에 실을 수 없었습니다. 컨테이너에 넣기 위해 기체를 분해하면 구조적으로 약해질 것 같았고요. 그래서 결국 항공 화물운송을 선택했습니다." 조 카라치올로는 영화사 측으로부터 오니를 요르단과 부다페스트로 어떻게 옮길 계획이냐는 질문을 받고 이렇게 대답했다. "엄청 크고 엄청 비싼 비행기로요." 농담이 아니었다. 우리는 세계에서 두 번째로 큰 화물기인 안토노프 AN-124를 이용했다.

158~159쪽: 사막의 아트레이데스 오니셉터를 묘사한 콘셉트 그림.

159쪽 위, 아래: 영국 BGI 서플라이즈에서 제작 중인 오니셉터.

위: 안토노프 An-124에 오니셉터를 싣고 있다.

아래: 카메라팀이 10톤짜리 오니셉터를 설치하고 있다.

160~161쪽: 거니(조시 브롤린) 가 모래벌레에게서 폴(티모테 살라메)을 구출하는 장면.

160 // 듄: 메이킹 필름북

스파이스 채굴

아라키스의 지배자로서 아트레이데스 가문은 스파이스 채굴 산업을 잘
보살펴야 한다. 그래야 스파이스를 우주 전역에 수출할 수 있다.

　　스파이스를 채굴하는 작업에는 스파이스 수확기 또는 스파이스
크롤러라고 불리는 거대한 기계가 동원된다. 이 기계들은 광대한 사막에서
스파이스를 추출하는 작업을 한다. 매일 사막과 아라킨을 오가며 이
기계들을 운반하는 것은 캐리올이다. 이것은 열기구처럼 바람을 넣어 크게
부풀릴 수 있는 비행 기계다. 스파이스 작업자들이 수확기를 조종하는 동안,
혹시 위협이 될 만한 것이 없는지 정찰기가 일대를 감시한다. 예를 들어
모래벌레가 크롤러의 규칙적인 진동에 이끌려 다가올 수 있기 때문이다.

　　영화에서 중요한 역할을 하는 한 장면에서 레토 공작은 폴, 거니와 함께
오니숍터를 타고 깊은 사막으로 나간다. 리에트 카인즈 박사를 안내인으로
삼아 스파이스 채굴 모습을 직접 지켜보기 위해서다.

　　이 오니숍터 내부의 조종실 장면은 부다페스트에서 촬영했다. 배우들에게
자연스러운 햇빛이 비치는 모습을 연출하기 위해, 촬영팀은 오니숍터를
실외에 설치했다. 조시 브롤린은 오스카 아이작, 티모테 샬라메, 샤론

덩컨 브루스터와 함께 이틀 동안 이 장면을 촬영한 것이 "가장 현실 같지
않은 순간"이었다고 말했다. 조시는 이렇게 설명한다. "정말로 특별한
시간이었어요. 햇빛과 뜨거운 조명이 유리창을 통해 이글이글 들어오는
가운데 우리는 좁은 조종실 안에 있었습니다. 마치 확대경 아래의 개미가
된 것 같은 기분이었어요. 나는 대사가 많지 않았는데도 그 몇 줄 안
되는 말조차 기억나지 않을 정도였습니다. 내 두뇌가 지글지글 익어가고
있었거든요. 우리가 열심히 애쓸수록 더 재미있어졌습니다."

　　폴과 거니가 모래벌레의 공격에서 스파이스 인부들을 구하기 위해 위험을
무릅쓰고 오니숍터 밖으로 나오는 장면은 요르단에서 촬영했다. 이스라엘
국경 근처의 통제구역에 있는, 보기 드물게 원래 모습이 그대로 유지된
모래언덕 지대가 촬영지였다. 요르단의 왕립 영화위원회가 촬영 허가를
내주었고, 군대가 감독했다. 우리는 아트레이데스의 오니숍터가 이륙하는
장면을 위해 기체를 지상에서 들어 올릴 300톤짜리 크레인을 현장에 가져갈
수 있었다.

　　특수효과 담당자 게르트 네프저는 이렇게 말한다. "상당히 힘든
장면이었어요. 크레인이 동원되면 항상 크레인 운전자가 왕이 됩니다.

162~163쪽: 아트레이데스 크롤러가 사막에서 스파이스를 채취하는 모습을 묘사한 콘셉트 일러스트

아래: 300톤 크레인이 오니솝터를 들어 올리고 있다.

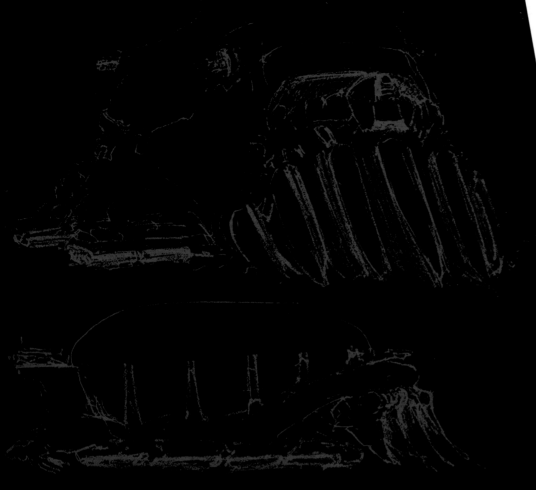

요르단의 크레인 운전자는 환상적인 솜씨를 갖고 있었지만 영어나 독일어를 한 마디도 알아듣지 못했죠. 의사소통이 어려워서 우리는 비행기가 어떻게 움직여야 하는지 손짓으로 보여주어야 했습니다. 오니숍터는 코를 아래로 향한 채 이륙해서 앞으로 나아가야 했어요. 이 장면을 열 번 촬영했는데 크레인 운전자는 매번 똑같은 솜씨를 보여주더군요. 10톤이나 되는 무게를 생각하면 정말 까다로운 작업이었는데도요."

이 장소에서 촬영 중이던 어느 날 조 카라치올로는 잠자리들이 촬영장 주위를 날아다니는 광경을 보았다. 크기만 작을 뿐 우리의 오니숍터와 모습이 똑같아서 훨씬 더 초현실적인 기분이 들었다.

당시 요르단의 날씨가 다행히 계절에 비해 이례적으로 서늘한 편이었다. 사실 우리 촬영장에서 겨우 몇 시간 떨어진 곳에는 일주일 전에 눈까지 내렸다고 했다. 중동에서는 눈이 잘 오지 않는다. 4월은 물론이고, 1년 내내 그렇다. 촬영 중에 우리에게 필요한 것이 생기면 그것이 햇빛이든, 구름이든, 모래폭풍이든 대자연이 보내주셨으니 우리에겐 행운이었다. 촬영팀 전원이 옷 속으로 모래가 들어오지 않게 하려고 머리를 감싸고, 스카프를 두르고, 고글을 써야 했다. 그렇게 꽁꽁 싸매도 하루 일을 마친 뒤에는 온몸이 모래투성이였다. 피할 길이 없었다.

왼쪽: 주먹에서 영감을 얻은 크롤러 스케치.

오른쪽: 정찰기 콘셉트 그림.

164~165쪽 아래: 스파이스 수확기의 최종 디자인과 색상 참고자료.

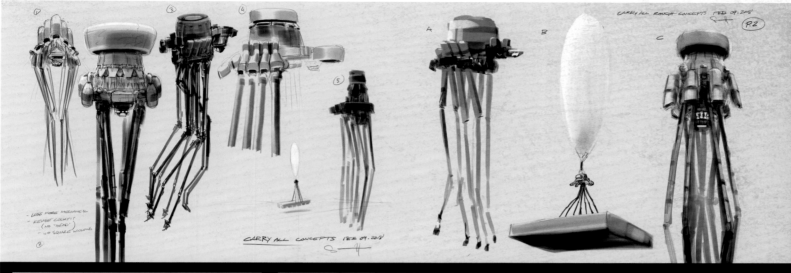

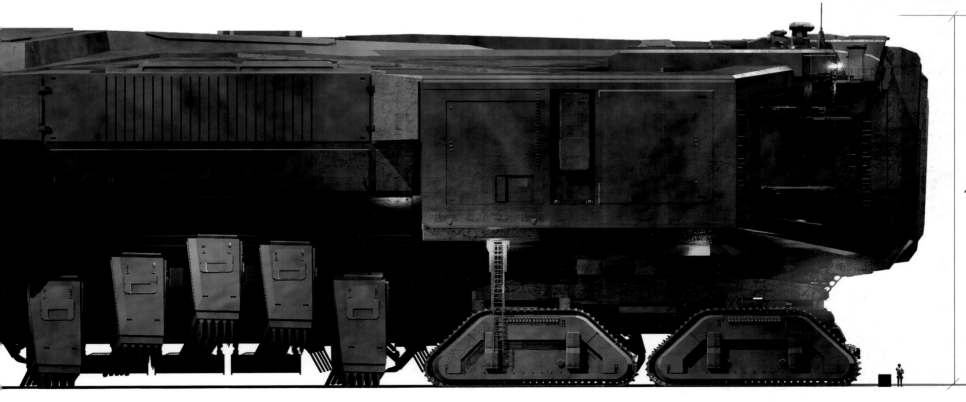

스파이스 수확기

작업 초기의 수확기 스케치에는 사막의 모래를 밀고 나아가는 거대한 기계 손 같은 모양이 그려져 있었다. 샘 후데키는 이렇게 말한다. "주먹이 모래를 갈아 부수면서 나아가는 것 같았죠." 아이디어가 점점 발전하면서 드니와 파트리스는 트랙 위에 올라탄 공장과 비슷한 모양을 만들어 냈다. 프랭크 허버트가 소설에 묘사한 모습 그대로였다. 이 기계의 실루엣과 움직임은 NASA가 우주선을 발사대까지 운반할 때 사용하는 크롤러 트랜스포터를 참고해 만들었다.

이런 기본적인 아이디어에 살을 붙여 아주 독특한 차량을 만드는 작업은 조지 헐이 맡았다. 그는 이렇게 설명한다. "내가 처음에 생각한 디자인은 아주 납작한 모양이었습니다. 소설에 묘사된 시속 320킬로미터의 바람을 고려했기 때문인데, 드니는 모양이 너무 매끈하다고 하더라고요. 그래서 그 디자인의 높이를 그냥 400퍼센트쯤 키웠습니다. 그랬더니 갑자기 그럴싸한 모양이 나온 거예요. 비록 관객들이 볼 기회는 없겠지만, 나는 이 거대한 기계가 스파이스를 채집하고 걸러서 제 몸 안에 저장하는 과정도 디자인했습니다."

아트레이데스의 수확기는 낡아서 여기저기 우그러진 모습이어야 했다. 실제로 하코넨 가문이 오래전부터 사용하던 기계이기 때문이다. 아트레이데스 가문이 이처럼 스파이스를 수확할 장비를 제대로 갖추지 못했다는 사실을 전달하기 위해 드니는 수십 대의 망가진 크롤러가 나오는 장면을 만들어 냈다. 드니는 이렇게 말한다. "비행기의 묘지 같은 곳을 한번 만들어 보자는 생각이었죠. 그래서 45~50대의 기계를 위에서 내려다보는

166~167쪽: 스파이스 인부 구출 장면 콘셉트 그림.

아래: 스튜디오에서 실물 크기 크롤러 트레드를 제작해서 구출 장면을 위해 요르단으로 보냈다.

왼쪽: 스파이스 인부 의상 디자인.

169쪽 위: 위에서 내려다본 아라킨 정제소 콘셉트 그림.

168~169쪽: 스파이스 사일로 콘셉트 그림.

장면이 탄생한 겁니다. 아예 해체되다시피 한 기계도 있고, 조금만 고치면 쓸 수 있는 기계도 있어요."

아트레이데스 가문이 생산 할당량을 맞추기 위해 고군분투하는 현실은 레토가 스파이스 사일로를 시찰하는 장면에서 시각적으로 묘사된다. 파트리스는 포인어로(FOUR IN A ROW, 같은 물체 네 개를 한 줄로 배치하는 게임-옮긴이) 게임을 우연히 발견한 뒤 고갈된 사일로 디자인 아이디어를 반짝 떠올렸다. "달걀바구니 같은 구조물에 사일로를 집어넣는 아이디어였습니다. 달걀 열두 개가 있어야 하는 곳에 세 개밖에 없다면 많이 부족한 상황이라는 사실을 알 수 있을 테니까요."

스파이스는 아라킨 시내에 있는 공장에서 정제된다. 정제소가 아라킨 레지던시와 가깝기 때문에 레토 공작과 거니는 아트레이데스 사업 중 취약 부분이라 할 수 있는 이곳을 면밀히 지켜볼 수 있다. 디크 페랑이 그린 정제소 콘셉트 그림에는 이 가상의 기술이 어떻게 작동하는지 잘 나타나 있지만, 영화에서는 그렇게 깊숙한 부분까지 보여주지 않는다. 디크는 이렇게 말한다. "이렇게 세세한 부분까지 생각해 보는 것이 중요하다고 생각했습니다. 그냥 재미로 이것을 디자인하는 게 아니니까요. 나는 이 공정을 이해하고 싶었습니다. 그래야 정제소의 형태를 구상할 수 있기 때문에 몹시 중요한 과정이에요. 우리에게 필요한 것은 그저 아름다운 디자인이 아니라, 기능적인 디자인이었습니다."

ARRAKIS //169

THE ATTACK

공격

DEAK FERRAND

아트레이데스가 아라키스에 첫발을 내디뎠을 때 비정상적으로 고요한 분위기가 흐른다. 폭풍 전야의 고요다. 레토 공작은 하코넨 가문이 못된 짓을 꾸미고 있음을 확신한다. 거니도 마찬가지다. 하지만 두 사람 모두 곧 대규모 공격이 있을 것이라고는 예측하지 못한다. 오스카 아이작은 이렇게 말한다. "사악한 계획이 진행되고 있다는 사실을 레토가 보지 못한다는 것이 문제입니다. 그는 법과 질서를 믿는 사람이기 때문에 그런 계획을 결코 예상하지 못해요." 공격이 예정된 밤에 아트레이데스 일가는 위험이 임박한

하코넨은 먼저 우주공항을 기습해서 아트레이데스 함대를 파괴한 뒤, 막사에 잠들어 있는 병사들을 겨냥한다. 이 장면을 여는 사람은 거니 할렉이다. 잠에서 깨어난 그는 하늘을 가득 메운 적의 우주선들이 아라키스에 비처럼 포화를 퍼붓는 광경과 맞닥뜨린다. 아트레이데스 가문은 육중한 미사일 발사기로 반격을 시도한다. 하코넨 수송선이 이 미사일에 맞아 공중분해되지만, 너무 늦었다. 레토의 군대는 하코넨 군대에 분쇄된다. 드니는 이렇게 설명한다. "아트레이데스 병력이 10 대 1 정도로 열세여야

"적의 대규모 침공 앞에서
거니 할렉은 지옥 속에 홀로 남겨집니다."

드니 빌뇌브, 감독

우리는 2019년 여름 부다페스트의 야외 촬영장에서 여러 날에 걸쳐 밤마다 이 우주공항 공격 장면을 찍었다. 조시 브롤린은 이렇게 말한다. "힘들었어요. 지금도 그때 느낌이 생생합니다. 몸에 멍도 들었어요. 힘들었지만, 지극히 만족스러운 작업이기도 했습니다. 정말 굉장한 그림이 나왔거든요. 그레그가 조명으로 만들어 낸 효과가 최고였죠." 이 힘든 촬영에서 주요 배우들과 엑스트라들은 무기를 들고 전력 질주하는 연기를 해가 뜰 때까지 몇 번이나 되풀이해야 했다. 검을 들고 서로 싸우는 장면, 화기 공격으로 불길이 이는 효과, 자욱한 연기 등도 촬영 환경을 더 열악하게 만드는 데 한몫했다.

다양한 촬영에 이용된 부다페스트 야외 촬영장에 야간 촬영을 위한 조명을 설치하는 데에는 품이 많이 들었다. 건축 현장에서 쓰이는 크레인 여덟 대가 커다란 LED 조명상자를 들어 올려, 야외 촬영장을 오렌지색으로 물들였다. 그 덕분에 그 일대에 모두 불이 붙은 것처럼 보였다. 조명이 어찌나 밝았는지, 거의 8킬로미터나 떨어진 다뉴브강 건너편에서도 보일 정도였다. 조명 설비는 이렇게 엄청났지만, 드니와 그레그 프레이저는 모두 조명이 최대한 자연스러워야 한다는 데 의견을 모았다. "어떤 촬영감독들은 조명을 엄청나게 설치하고 좋아하지만, 사실 나는 그들과 정반대예요. 아늑한 조명을 좋아하는 편입니다." 그레그가 소리 내어 웃으며 한 말이다.

172~173쪽: 무참히 공격받는 아라킨을 내려다보는 하코넨 프리깃함을 묘사한 콘셉트 일러스트.

위: 저속 폭탄이 아래로 내려오다가 우주선의 방어막을 뚫기 직전 속도를 줄이는 모습을 묘사한 콘셉트 일러스트.

아래: 저속 폭탄이 수송선의 방어막을 뚫는 장면.

174~175쪽: 하코넨 수송선이 우주공항에 내려앉는 모습을 묘사한 콘셉트 그림.

후반작업 때 이 우주공항 공격 장면에 시각효과가 더해지자 세트장이 훨씬 더 커 보였고, 아트레이데스를 덮치는 하코넨 전함 군단도 화면에 모습을 드러냈다. 드니는 여기에 자신이 영화를 위해 창안한 하코넨의 신무기인 저속 폭탄을 등장시켰다. 느린 검술과 마찬가지로 이 폭탄은 목표물에 가까워질수록 속도가 느려진다. 커다란 우주선의 방어막을 뚫기 위해서다. 이 폭탄이 터지면, 우주선뿐만 아니라 방어막 역할을 하는 전자기장도 함께 파괴된다. 드니는 이렇게 설명한다. "하코넨은 무지막지합니다. 나는 전쟁 장면에서 이런 특징을 보여주고 싶었어요. 그들은 무엇이든 무조건 폭탄으로 공격해서 말살해 버리려고 합니다."

방어막 발생기

한편 아라킨에서 웰링턴 유에 박사는 아트레이데스 가문을
배신하고 하코넨의 레지던시 공격을 돕는다. 모두가 잠든 밤의
어둠 속에서 유에는 조용히 방어막 발생기가 있는 방으로 가
시내의 전원, 통신 장치, 보안 시스템을 꺼버린다.

　　드니는 대사 한 마디 없이 이 장면을 찍고 싶어 했기 때문에,
콘셉트 아티스트 디크 페랑은 유에가 전원을 끌 때 발생기실
천장에서 거대한 피스톤들이 뚝 떨어지는 모습을 제안했다.
지금 전원이 끊겼다는 사실을 관객들에게 그런 식으로 알리자는
뜻이었다. 바로 그 순간 불이 꺼지고, 유에의 실루엣이 방을
나가는 모습이 보인다. 순수하게 영화적인 이미지로 드러난 그의
배신이다.

사다우카의 공격

처음 집중 공격을 당한 뒤 아트레이데스 군대는 어떻게든 정신을 차리고 아직 살아남은 방어선을 지키려고 한다. 뜰의 계단 발치에 하코넨 병사들이 나타나자 아트레이데스 군대는 마오리족처럼 구호를 외치며 전투 준비를 한다. 드니는 스토리보드를 짜던 초기에 콘셉트 디자이너 겸 스토리보드 아티스트인 샘 후데키와 함께 이 장면을 구상했다. 그다음의 액션 장면은 세르게이 예이젠시테인이 1925년에 발표한 영화 <전함 포템킨>의 상징적인

오데사 계단 장면에서 아이디어를 얻었다. <전함 포템킨>에서 제정 러시아 군대가 오데사의 이 유명한 계단에서 시민들을 공격하는 장면을 말한다. 우리 영화에서 아트레이데스 군대는 계단 위에서 아래에 있는 적과 싸우며 우세를 점한다. 어둠 속에서 방어막들이 빛을 낸다. 하지만 갑자기 그들 뒤편의 하늘에서 사다우카가 뚝 떨어져 내려와 아트레이데스를 압도하고, 하코넨이 레지던시를 점령한다.

176~177쪽: 레지던시 계단 공격 장면을 묘사한 초기 콘셉트 그림.

176쪽 아래: 레지던시 방어막 발생기실 디자인.

남작의 만찬

아라킨 레지던시 밖에서 전투가 불을 뿜는 동안, 레지던시 안에서는 쾌락주의자인 남작이 식탁에 자리를 잡고 앉아 괴상한 요리들이 가득한 징그러운 만찬을 즐긴다. 눈동자 수프, 파충류 구이 같은 요리가 보인다. 블라디미르 하코넨이 이렇게 풍족한 식사를 음미하며 즐기는 동안, 그에게 사로잡힌 레토 공작은 식탁 반대편 끝에 벌거벗은 채 온몸이 마비된 상태로 앉아 있다.

이 장면은 관객들이 이제 곧 목격하게 될 비극의 전조다. 소도구 담당자 더그 할로커는 이렇게 말한다. "나는 이 식사가 탐욕스럽고, 야만적이고,

위협적인 순간이 되어야 한다고 생각했습니다. 엄청난 양의 음식은 곧 남작의 욕망을 상징하죠." 식탁에 음식이 잔뜩 놓여 있는 모습은 17세기 정물화 양식으로 디자인되었다. 더그는 이렇게 말한다. "우리가 참고한 것 중에 죽은 꿩 옆에 돼지머리가 있고 그 옆에 아름다운 과일그릇이 있는 그림이 있었는데, 우리는 괴상하고 징그러운 요리로 그 그림과 같은 효과를 내려고 했습니다."

유에 박사는 레토를 남작에게 넘기기 전에 독가스가 들어 있는 의치 하나를 공작의 입안에 끼워 넣는다. 어떻게든 양심의 부담을 덜기 위한 최후의 시도로 레토에게 남작을 암살할 기회를 주는 것이다.

178쪽: 인공 보형물을 완전히 부착하고 오스카 아이작과 만찬 테이블에 마주 앉아 있는 스텔란 스카스가드.

왼쪽: 남작의 만찬 장면을 묘사한 초기 스토리보드.

오른쪽 위: 레토 공작(오스카 아이작)은 독 다트에 맞아 몸이 마비된다.

오른쪽 아래: 남작의 식탁 중앙에 자리한 이국적인 파충류 형태의 생물.

허버트의 소설은 물론 원래 대본에서도 레토는 아무 말 없이 앉아 있다가 그 의치를 깨물어 자살하면서 남작을 함께 데려가려고 한다. 그러나 오스카 아이작은 그가 남작에게 마지막 이별의 말을 해야 한다고 생각했다. 그는 이렇게 설명한다. "소설에 레토가 마지막으로 하는 생각이 서술되어 있어요. '육체가 만들어 낸 시간과 시간이 만들어 낸 육체.' 나는 여기에 다른 장면에서 나온 아름다운 대사를 추가하고 싶었습니다. '지금 있는 이곳에 나는 머무를 것이다.' 내가 이 두 줄의 대사를 가져갔더니 드니가 아주 좋아하더라고요." 레토가 눈물을 흘리며 마지막 숨을 쉬는 장면에서 이 대사는 강렬한 효과를 낸다. 오스카는 이렇게 말한다. "정말 감정이 복받치는 느낌이었습니다. 그 순간 레토의 머릿속에는 온통 가족에 대한 생각, 어쩌면 그들이 죽었을지도 모른다는 생각뿐이기 때문이죠."

남작은 손가락에 낀 반지로 보호막을 활성화시켜 레토 공작의 암살 시도에서 살아남지만 독가스 때문에 심한 부상을 입는다. 원래 대본에서는 그가 레지던시 외부의 정화실에서 회복하는 것으로 되어 있었지만, 이 장면이 잘려나가고 대신 검은 기름을 채운 욕조에서 그가 회복하는 장면에 초점이 맞춰졌다.

이 욕조 장면을 찍기 전에 우리는 스텔란 스카스가드의 인공 보형물이 물, 식물성 기름, 밀랍을 섞은 욕조 속 액체에 어떻게 반응하는지 시험했다. 그 결과 온몸에 붙인 보형물 안쪽의 패딩에 부력이 있어서 남작의 몸이 액체 표면으로 떠오른다는 사실을 알게 되었다. 이 문제를 해결하기 위해 보형물의 아래쪽을 떼어냈더니, 스텔란이 머리, 팔, 어깨만 검은 기름 위로 내놓은 채 욕조 안에 편안히 앉을 수 있었다.

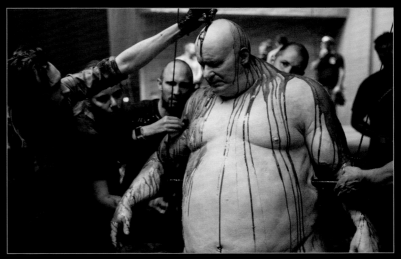

180쪽: 독가스 공격을 받은 뒤 회복 중인 남작(스텔란 스카스가드).

181쪽: 기름 목욕 장면을 위해 준비 중인 스텔란 스카스가드.

오른쪽 아래: 스파이스 색깔의 물을 사용하는 남작의 목욕 장면을 묘사한 초기 콘셉트 그림. 물 색깔은 나중에 검은색으로 바뀌었다.

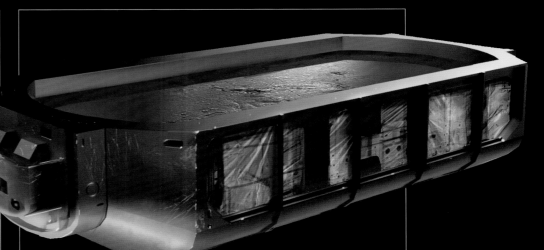

불타는 야자수

하코넨의 공격은 하룻밤 사이에 일어난다. 중간에 잠시 쉬는 시간도 없다. 레지던시 밖의 시내에는 온통 불이 붙어서 신성한 야자수 스무 그루가 횃불처럼 활활 타고 있다. 우리는 대추야자수가 불타는 이 장면을 부다페스트의 야외 촬영장에서 찍었다. 이파리들이 오랫동안 극적으로 타는 모습을 연출하기 위해 특수효과 담당 게르트 네프저는 스무 개의 나무줄기 위에 레이저로 자른 강철 이파리 200장을 붙였다. 게르트는 이렇게 말한다. "이파리마다 일정한 속도로 가스를 공급하는 장치가 있었어요. 우리가 나무줄기를 열고 그 안에 가스선을 설치했습니다." 이 불타는 장면을 연출하기 위해 그들은 거의 13미터나 되는 가스 파이프를 깔았다. 단추 하나만 누르면 이 복잡한 시스템이 작동하면서 화려한 장면을 연출해 주었다.

위: 하코넨의 공격으로 불타는
야자수들을 묘사한 콘셉트 그림.

아래: 야자수가 불타는 장면은
부다페스트에서 야간에 촬영했다.

83쪽: 하코넨 포격함의 콘셉트

날뛰는 불길

하코넨의 공격 장면에서 드니는 독특한 모양의 포격함이 아라킨을 지옥으로 만드는 모습을 넣고 싶어 했다. 드니는 이렇게 말한다. "우리가 그 장면을 디자인할 때가 생각나네요. 나는 그 비행물체가 추한 꼴이어야 하며, 제 앞에 가로놓인 모든 것을 파괴하고 죽일 수 있는 능력을 갖고 있어야 한다고 주문했습니다. 완성된 모습이 아주 마음에 들더군요."

처음에 이 비행기의 디자인은 말벌과 비슷한 모양이었지만, 파트리스 베르메트는 말벌 모양이 너무 도드라진다고 생각했다. 그래서 가래톳흑사병에 걸린 사람의 피부가 어떻게 변하는지 찾아보기 시작했다. 디크 페랑은 파트리스가 찾아낸 이미지를 바탕으로 피부가 썩고 종기가 생긴 것 같은 모양과 질감을 표현해 이 비행기 모습을 최종적으로 다듬었다. 디크는 이렇게 회상한다. "파트리스가 가래톳흑사병에 걸린 사람들의 그림을 보내주었는데, 정말 끔찍하고 끔찍했습니다." 결국 하코넨의 포격함도 아주 무시무시한 모습을 갖추게 되었다.

"나는 그 비행물체가 추한 꼴이어야 하며, 제 앞에 가로놓인 모든 것을 파괴하고 죽일 수 있는 능력을 갖고 있어야 한다고 주문했습니다."

드니 빌뇌브, 감독

하코넨 오니숍터의 모델은 아트레이데스의 오리지널 비행기였다. 드니는 이렇게 설명한다. "아트레이데스의 적인 하코넨의 오니숍터가 더 뚱뚱하고 공격적으로 보여야 할 것 같았습니다." 파트리스는 콘셉트 아티스트 조지 헐과 함께 하코넨 함대의 분위기가 반영된 디자인을 만들었다. "하코넨 오니숍터의 외형은 커다란 모선, 즉 납작한 아르마딜로 모양의 프리깃함과 상당히 흡사합니다. 우리는 아트레이데스 함대의 각진 모양과는 반대로, 이 프리깃함처럼 가장자리가 둥글둥글하고 질감도 똑같은 오니숍터를 디자인했습니다." 파트리스의 말이다.

아래: 하코넨 오니숍터 디자인.

184~185쪽: 던컨 아이다호가 적기를 훔쳐 타고 레지던시를 탈출하는 모습을 묘사한 콘셉트 일러스트.

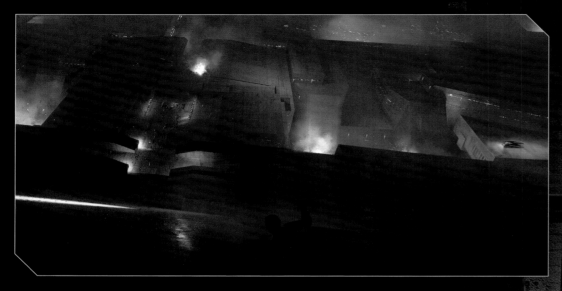

던컨의 탈출

아트레이데스 군대가 사방에서 쓰러질 때 한 사람만은 여전히 우뚝 서 있다. 던컨 아이다호는 레지던시를 탈출하면서 마주친 사다우카와 하코넨 병사를 모조리 죽여 버리고 적의 오니솝터 한 대를 훔친다. 이 장면은 후반작업 때 뒤늦게 대본에 추가되었지만, 이미 작업 초기부터 나와 있던 도시 풍경을 기초로 삼았다. 길거리에 지붕이 덮여 있는 이 도시 풍경은 원래 모래와 햇빛으로부터 시내를 보호하는 데 중점을 두고 디자인된 것인데, 이 장면에서는 던컨을 적에게서 보호해 주는 역할을 한다. 던컨은 시장에서 오니솝터를 360도 회전시키는 재주를 부리고, 석조 지붕 아래의 거리에서 지면과 근접한 높이로 날아 하코넨 병사들을 피한다.

"던컨 아이다호는
레지던시를 탈출하면서 마주친
사다우카와 하코넨 병사를
모조리 죽여 버리고
적의 오니숍터 한 대를 훔친다."

DEEP DESERT

깊은 사막

<듄>의 대본 첫 페이지에는 다음과 같은 글귀가 있다. "사막은 자비를 모른다. 적응하지 못하면 죽음뿐이다." 이 글귀는 드니의 사무실 문에도 붙어 있었는데, 이 이야기를 관객들에게 들려주는 목적을 제작팀 모두에게 일깨워주기 위해서였다.

드니는 내게 이 글귀의 의미를 말해주었다.

<듄>은 고향에서 뿌리 뽑혀 새로운 환경으로 이주당한 뒤 대다수가 목숨을 잃은 사람들의 이야기입니다. 이곳 토착민들의 문화를 배울 만큼 호기심이 있는 사람은 생존을 위한 지식과 지혜를 얻을 겁니다. 물론 그 사람은 폴이고요.

우리는 모든 것이 빠르게 변하는 세상에 살고 있습니다. 정치, 기술, 환경이 모두 빠르게 변하죠. 여기서도 역시 가장 많은 지식을 얻는 사람이 살아남을 겁니다. 스티븐 호킹은 이렇게 말했습니다. "지능은 변화에 적응하는 능력이다." 프랭크 허버트도 비슷한 글을

썼죠. "생존은 낯선 물속에서 헤엄치는 능력이다." 나는 <듄>이 젊은이들에게 울림이 있는 작품이 되기를 바랍니다. 우리 프로젝트의 DNA 곳곳에 이 적응이라는 개념이 배어 있어요.

깊은 사막과 <듄> 이야기의 마지막 장은 다른 부분에 비해 개념이 많이 정리되어 있지 않았다. 사막의 전체적인 느낌을 보여주는 그림들이 있기는 했지만, 제작팀의 목표는 풍경을 디자인하는 것이 아니라 원하는 풍경을 찾아내는 것이었다. 드니는 실제로 사막에 가야만 생기는 기회들을 잡고 싶어 했다.

요르단의 상징적인 사막인 와디 럼과 군사지역 내의 모래언덕에서 촬영에 푹 빠진 경험은 제작팀 전원의 창의성을 한층 더 높여주었다. 스턴트감독 톰 스트러더스는 이렇게 말한다. "그곳은 문화적으로 굉장한 장소였습니다. 발코니에 앉아 있으면 이스라엘, 이집트, 사우디아라비아, 홍해를 바라볼 수 있었어요."

"〈듄〉의 철학에 맞게
우리는 사막에 적응했다."

티모테 샬라메는 이렇게 말한다. "모두가 변화를 경험했어요. 성경 속 태초의 풍경 같은 곳에서 촬영하고 있자니, 우리가 하는 일의 무게가 더 묵직하게 느껴졌습니다."

모래언덕 지대 너머에 있는 놀라운 바위 지형도 〈듄〉의 이야기에 반드시 필요했다. 그곳은 프랭크 허버트가 상상한 환경과 매우 흡사했다. 파트리스 베르메트는 이렇게 설명한다. "대본과 소설에서 등장인물들은 사막에 있을 때 항상 바위에서 안전한 장소를 찾습니다." 사실 아라키스의 깊은 사막은 넓은 대양과 비슷하다. 바다에서 상어에게 먹힐 위험이 있다면, 여기 사막에서는 그보다 훨씬 더 무시무시한 모래벌레에게 통째로 먹힐 위험이 있다. 그래서 바위 지형이 몹시 중요하다. 이 사막의 짐승을 피할 수 있는 곳이기 때문에.

사막은 우리 몸과 마음에 저절로 각인되었다. 샤론 덩컨 브루스터는 이렇게 설명한다. "모래언덕을 가로질러 달리는 것은 정말 힘든 일입니다. 발밑의 땅이 언제 무너질지 알 수 없기 때문에 다리와 발목과 발을

평소와는 아주 다르게 움직이게 돼요." 우리가 다시 부다페스트로 돌아가 스튜디오에서 촬영을 이어갈 때, 사막에서의 경험이 많은 창의적인 결정에 도움이 되었다. 공동 의상 디자이너 밥 모건은 이렇게 말한다. "모래의 느낌, 바람, 자연 속에 있는 경험을 이제 우리가 알게 된 겁니다." 의상팀은 사막 환경에서 옷이 어떻게 되는지를 직접 경험하고, 의상에 항상 모래와 흙먼지가 묻어 있어야 한다는 사실을 깨달았다.

나중에 아랍에미리트로 가서 다시 사막 촬영을 시작했을 때, 우리는 아부다비 시내에서 두 시간 떨어진 곳에 베이스캠프를 차렸다. 사방 어디를 둘러봐도 모래언덕만 한없이 뻗어 있는 곳이었다. 8월이라 햇빛이 이글거렸다. 너무 더워서 그레그 프레이저의 촬영팀은 카메라에 얼음주머니를 얹어 카메라가 과열되는 사태를 막아야 했다. 〈듄〉의 철학에 맞게 우리는 사막에 적응했다.

188~189쪽: 깊은 사막의 콘셉트 그림.

190~191쪽: 사막에서 궁지에 빠진 폴과 제시카를 묘사한 콘셉트 일러스트. 두 개의 달이 길을 인도하고 있다.

궁지

폴과 제시카는 하코넨 병사들에게 납치되어 오니숍터로 어디론가 옮겨지지만 다행히 결박을 풀고 납치범들을 죽이는 데 성공한다. 긴급착륙 뒤 두 사람은 모래언덕 위로 올라가 아라킨이 파괴되는 모습을 목격한다. 리베카 퍼거슨은 이렇게 말한다. "레토 공작이 이제 이 세상 사람이 아니라는 사실을 깨닫는 장면이에요. 그들은 사방이 완전히 탁 트인 풍경 속에 발이 묶여 있고요. 어디에도 갈 곳이 없습니다." 그들의 유일한 희망은 폴이 새로이 알게 된 프레멘의 행동 방식이다. "폴은 제시카가 그를 훈련시키며 바랐던 모습으로 점차 변해갑니다. 하지만 제시카는 그 변화가 자신에게 어떤 의미인지 미처 짐작하지 못해요. 어쩌면 그가 자신에게 위협이 될 수도 있다는 생각을 못 합니다." 리베카의 말이다.

사막에서 처음 이동하기 시작할 때 폴과 제시카는 리넨 잠옷 차림이다. 한밤중에 납치되었기 때문이다. 재클린 웨스트는 이 의상을 두 가지 용도로 디자인했다. 잠옷뿐만 아니라, 두 배우가 요르단에서 모래언덕을 오르내리며 뛰어다닐 때도 실용적으로 입을 수 있는 옷으로. 재클린은 이렇게 말한다. "드니가 그런 아이디어를 냈어요. 그는 아주 간결하면서도 사막을 닮은 옷을 원했습니다." 재클린은 이탈리아의 루카에서 수제 리넨을 제작하는 친구 제니 톰마시에게 도움을 청했다. "상당히 유명한 친구예요. 아르마니도 디자인이 들어간 리넨 제작을 그녀에게 맡기죠. 그녀가 두 사람의 파자마에 들어갈 사막 무늬를 생각해 냈습니다."

192~193쪽: 사막에서 촬영 중인 티모테 샬라메와 리베카 퍼거슨.

193쪽 아래: 모래 위에 함부로 발자국을 남기지 않기 위해 다른 사람이 디딘 자리를 디디며 부지런히 걷고 있는 촬영팀.

발길이 닿지 않은 사막

사막 촬영 때 배우들과 촬영팀은 한 발 한 발 걸음을 내디딜 때마다 조심해야 했다. 촬영장 주위의 모래에 아무렇게나 발자국이 나면 후반작업 때 일일이 처리해야 했기 때문이다. 시각효과 담당자 폴 램버트는 이렇게 말한다. "우주선들이 마구 폭발하는 세상의 이야기를 만들고 있었는데도, 내 작업에서 상당 부분을 차지한 것은 바로 모래였습니다."

따라서 우리는 반드시 남이 이미 밟은 자리만 밟아야 하며 촬영장 주위를 함부로 돌아다니면 안 된다고 사람들에게 주의를 주었다. 사막의 모든 부분이 화면에 잡힐 가능성이 있었으므로, 완벽한 그림을 우리 발자국으로 오염시킬 수는 없었다. 실제로 모래를 쓸어 사람의 흔적을 모두 지우는 팀까지 따로 운용했을 정도다. 그렇게 한 번 쓸고 나면 사막의 강한 바람이 빗자루 자국을 없애고 지표면을 매끈하게 다듬어 사람의 발길이 전혀 닿지 않은 모래밭을 다시 만들어 주었다.

위: 열린 프렘 행낭 안에 들어
있는 사막 생존 용품들.

프렘 행낭

유에 박사가 납치자들의 오니숍터에 준비해 둔 프렘 행낭이 폴과 제시카의 생명줄이 된다. 프레멘이 만든 이 생존 배낭에는 깊은 사막에서 사용되는 독창적인 도구들이 들어 있다. 폴이 가장 먼저 꺼낸 물건은 사막 텐트다. 이 텐트는 모래언덕 지대에서 위장막 역할도 겸한다. 파트리스는 바퀴벌레의 갑각에서 이 텐트 디자인의 영감을 얻었다. 아무리 혹독한 환경에서도 살아남는 바퀴벌레의 생존력을 생각하면 논리적으로도 그럴듯했다. 드니는 자궁처럼 보이는 프레멘 텐트의 내부 디자인도 좋아했다. 이 디자인은 폴의 재탄생과 영적인 각성을 상징적으로 보여주었다. 그는 이 사막 텐트 장면에서 공작이 될 뿐만 아니라, 소년이 아닌 성인으로 성장한다.

드니는 프렘 행낭 안의 모든 물건이 프레멘 제작자 한 사람의 작품처럼 보여야 한다고 주장했다. 모든 도구는 프랭크 허버트가 소설에서 상상으로 만들어 낸 것이다. 예를 들어, 모래 압축기는 정전기를 이용해서 모래를 밀어낸다. 영화에서는 모래폭풍에 사막 텐트가 파묻혔을 때 이 도구가 길을 뚫는 역할을 톡톡히 해낸다.

프렘 행낭 안의 파라컴퍼스는 모든 나침반이 그렇듯이 북쪽을 가리킨다. 하지만 아라키스의 달이 두 개라서, 던컨이 폴에게 이렇게 말하는 장면이 영화에 나온다. "이 나침반을 읽으려면 뛰어난 시계장치가 필요합니다." 드니는 이 소도구에 유동적인 유기물 같은 요소가 있어야 한다고 말했다.

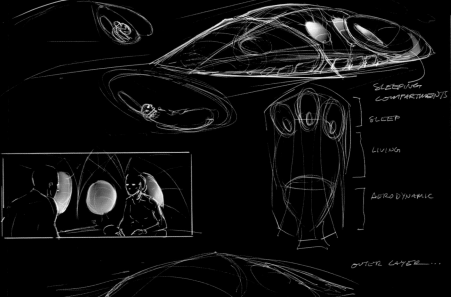

STILL TENT ROUGH CONCEPT APRIL 19.18

SLEEPING COMPARTMENTS

SLEEP

LIVING

AERODYNAMIC

OUTER LAYER...

위: 폴과 제시카가 사막 텐트 안에 들어가 있는 모습을 묘사한 초기 콘셉트 그림.

왼쪽 아래: 사막 텐트의 형태와 디자인 스케치.

오른쪽 아래: 사막 텐트 외관의 디자인과 질감을 보여주는 디지털 모델.

소도구 담당자 더그 할로커는 이렇게 말한다. "단단한 무생물이라면 불빛을 덧붙여서 시각적으로 더 흥미롭게 만들 수 있을 겁니다. 하지만 그것을 생물처럼 움직이게 만들 수 있다면 그 편이 훨씬 더 낫죠." 이런 창의적인 토론을 통해 파라컴퍼스 중심부에는 반투명한 초록색 액체가 들어가고, 외부에는 뚜껑을 휙 열었다 닫을 수 있는 장치가 부착되었다.

소설에서 프렘 행낭 안의 프레멘 망원경은 오일 렌즈로 만들어져 있다. 더그의 팀은 소설에 경의를 표하는 뜻에서 이 디자인을 포함시키고, 거기에 빛을 반사하는 스파이스 색깔을 살짝 넣었다.

프렘 행낭 안의 모래 막대기는 모래벌레를 부르는 도구다. 이 막대기를 모래에 꽂고 작동시키면, 사막의 표면 아래로 규칙적인 진동이 퍼져나간다. 소도구팀은 촬영 중 상황에 따라 이 장치를 다양하게 만들었다. 닻처럼 고정하는 부분을 접을 수 있게 된 것도 있고, 진동 메커니즘이 제대로 작동하는 것도 있었다.

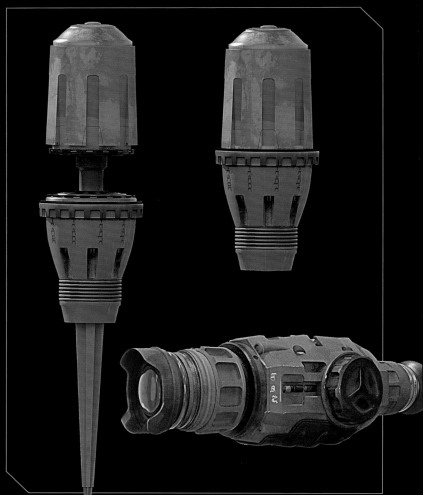

196쪽 왼쪽: 창조자 작살 소품을 들고 있는 샤론 덩컨 브루스터. 프렘 행낭 안에도 들어 있는 창조자 작살은 프레멘들이 사막에서 모래벌레를 타고 방향을 조종할 때 사용하는 도구다 (자세한 내용은 233쪽 참조).

196쪽 오른쪽: (시계방향으로) 활성화된 모래 막대기, 닫힌 모래 막대기, 망원경의 콘셉트 디자인.

위: 모래 압축기의 콘셉트 그림.

가운데: 파라컴퍼스의 디자인 일러스트.

아래: 촬영 중에 사용한 약 13센티미터 크기의 무앗딥 모형.

무앗딥

듄의 사막에는 잘 감춰진 비밀이 몇 가지 있다. 그중 하나인 무앗딥은 프레멘들이 사막에 사는 쥐를 부르는 이름이다. 드니가 이 생물을 최대한 실제 생물처럼 그리고 싶어 했기 때문에, 더그 할로커는 이 쥐를 디자인하는 데서 그치지 않고 실물 크기의 모형도 만들었다. 더그는 이렇게 말한다. "이 이야기에서 무앗딥은 매우 상징적인 존재입니다. 사막에서 생존할 수 있는 이 생물은 당연히 폴의 성장과 적응을 상징하죠. 폴은 과거의 사고방식에서 벗어나 완전히 변신합니다." 키가 13센티미터쯤 되는 무앗딥 모형은 이 쥐를 화면에 컴퓨터로 그려 넣을 때 시각적 참고자료로 쓰였다.

모래벌레

<듄>에서 모래벌레는 영적인 생물이다. 다른 행성에서 온 사람들은
모래벌레를 생존의 위협으로 인식하고 두려워하지만, 프레멘들은 신성시한다.
사막에 거주하는 프레멘들은 이 생물을 '샤이 훌루드'라고 부르며 신에게
하듯이 기도를 바친다.

처음에 만들어진 스케치에서 모래벌레는 고래나 상어 같은 바다 생물과
비슷했다. 콘셉트 디자이너 겸 스토리보드 아티스트인 샘 후데키는 이렇게
말한다. "이 생물을 대왕고래와 비슷한 모습으로 상상하다 보니 왠지 마법 같은
기분이 들더군요. 우리는 이 생물이 등만 땅 위로 언뜻 드러낸 채 모래언덕을
타넘는 모습을 상상했습니다." 모래벌레의 모양, 크기, 입, 이빨 등을
디자인하는 데에는 많은 조사가 필요했다. "이런 연구를 통해 우리는 고전적인
표현이 더 무섭다는 사실을 깨달았습니다."

198~199쪽: 폴과 제시카가
모래벌레에게서 도망치는 모습을
묘사한 초기 콘셉트 그림.

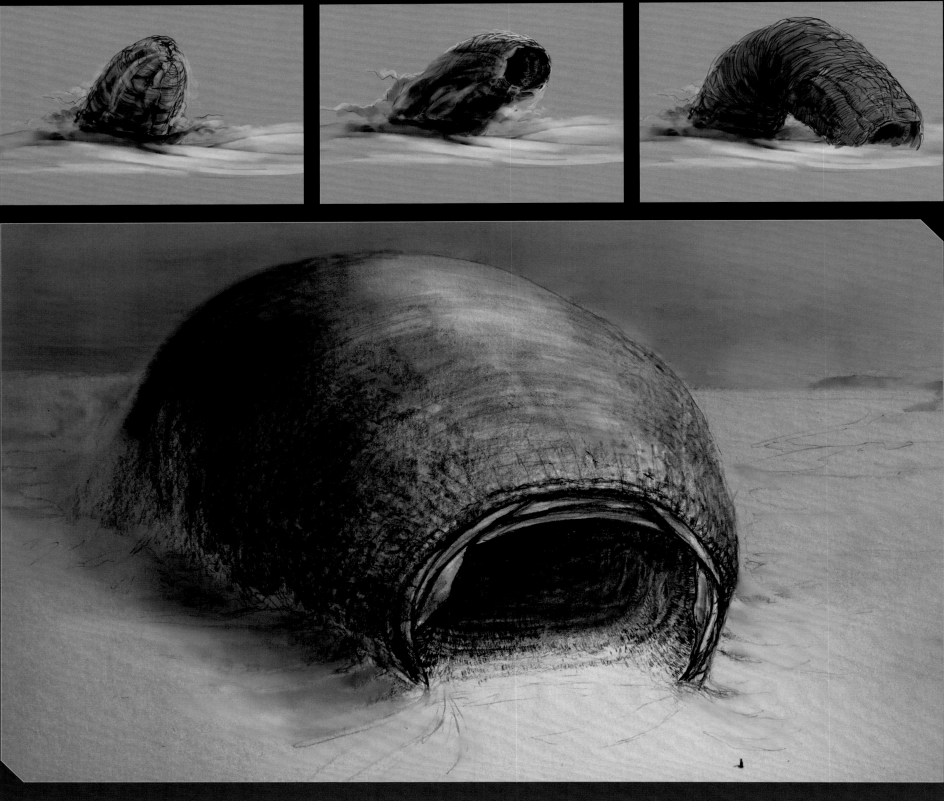

〈컨택트〉에서 외계인 헵타포드를 디자인한 콘셉트 아티스트 카를로스
후안테도 컴퓨터로 모래벌레의 다양한 모습을 그려(204~205쪽),
모래벌레의 행동양식과 먹이를 공격하는 모습을 결정하는 데 도움을 주었다.
드니는 이렇게 설명한다. "가죽이 아주 두껍고, 실제로 모래 속에 살고
있다고 충분히 믿을 수 있는 생물을 만들어 내는 것이 목표였습니다. 나는
거기에 선사시대 생물 같은 존재감도 있어야 한다고 생각했어요." 프로덕션
디자이너 파트리스 베르메트는 모래벌레 디자인을 더욱 발전시켜서, 피부가
코뿔소 같고 입이 무시무시한 거대한 근육질 짐승을 만들어 냈다.

이 짐승이 먹이를 먹는 모습이 결정되자 그동안의 모든 아이디어가
하나로 통합됐다. 모래벌레의 입안에는 뾰족한 이빨이 빙 둘러 나 있지만,
먼저 고래수염 같은 필터로 모래를 걸러 먹이를 찾아낸다. 석회처럼 굳어진
긴 판 모양의 이 필터는 최종 디자인에서 두드러지게 눈에 들어온다. 그
덕분에 모래벌레가 동굴처럼 커다란 입을 벌리면, 독특하고 위협적인 장면이
연출된다.

모래벌레가 사막을 이동하는 방식을 결정하기는 쉽지 않았다. 폴
램버트는 촬영 시작 전에 모래벌레가 아라키스의 사막을 가로지르며 모래를
흐트러뜨리는 모습을 여러 형태로 실험해 보았다. 드니는 모래벌레가
지렁이나 뱀처럼 움직이면 안 된다는 생각을 처음부터 확고히 갖고 있었다.
그는 폴 램버트와 힘을 합쳐, 뚜렷한 특징이 눈에 띄는 모래벌레의
움직임을 고안해 냈다. 모래벌레는 파도처럼 위아래로 꿈틀거리는
동작에서 앞으로 나아가는 추진력을 얻으며, 그 과정에서 사막
표면의 모래를 계속 흐트러뜨린다. 이 생물의 커다란 몸이 고속으로
모래언덕을 지나가면, 모래언덕이 무너지고 커다란 벌레의 흔적만
남는다. 폴은 이렇게 말한다. "벌레가 이동하는 장면은 둔덕들이
솟아올랐다가 무너지는 모습으로 묘사됩니다. 아주 영화적이죠."

모래벌레의 독특한 특징은 녀석이 먹이를 공격할 때도
드러난다. 이 짐승의 힘이 엄청나기 때문에 모래가 부글부글
끓어올라 액화할 때 강력한 진동이 생긴다. 이것은

200쪽: 모래벌레의 형태와
움직임을 연구한 초기 일러스트.

201쪽: 모래벌레의 입, 이빨,
식도의 다양한 디자인 시안.

사이언스픽션이 아니라 과학 그 자체다. 강력한 진동이 발생하면 모래는 물처럼 행동하기 때문에, 표면에 있던 모든 것이 바닥으로 가라앉는다. 티모테, 조시, 샤론은 모래벌레의 공격 장면 두 곳에 등장하는데, 요르단에서 이 장면들을 촬영할 때 우리는 표면 아래에서부터 전달되는 진동을 표현하기 위해 여러 장치를 이용했다. 특수효과 담당 게르트 네프저는 이렇게 설명한다. "우리는 '진동하는 사막' 효과를 내기 위해 열 가지 진동 엔진을 가져가서 커다란 단을 만들었습니다. 그리고 다양한 모래와 부드러운 재료로 실험을 해보았죠. 드니는 가장 강한 진동을 좋아했습니다." 그들은 이 엔진들이 실린 단을 사막 지표면 아래에 묻었다. 게르트가 이 단을 작동시키면, 그 위에 서거나 무릎을 꿇고 있던 배우들은 유사(流沙)에 휘말린 것처럼 아래로 가라앉았다. "정말 무시할 수 없는 강력한 힘이었어요." 샤론은 웃으면서 이렇게 말했다.

202~203쪽: 모래벌레의 초기 콘셉트 그림.

아래: 모래벌레의 최종 디자인. 추락한 오니숍터 한 대가 앞에 있다.

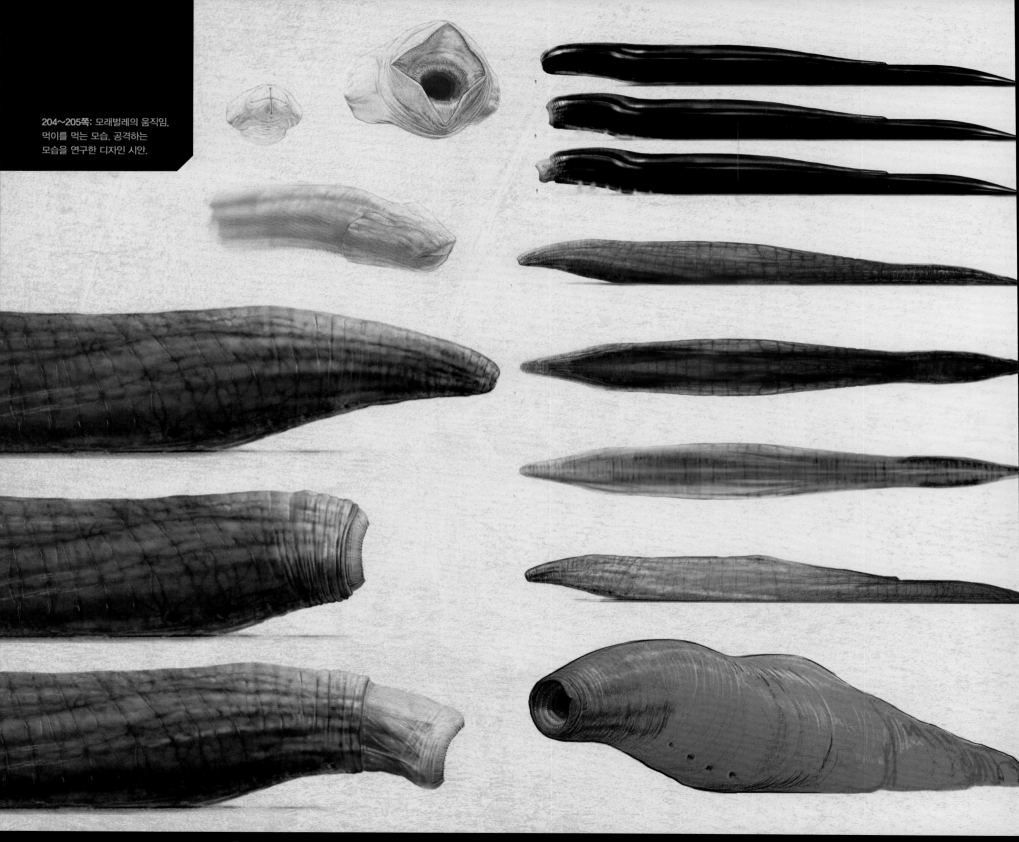

넥서스

던컨과 카인즈가 깊은 사막에서 폴과 제시카를 구출한 뒤, 모두 함께
아라키스의 버려진 제국 생태학 실험기지로 피신한다. 이 행성을 처음
식민화할 때 지하에 만들어진 이 기지는 그 뒤로 전설 속 존재가 되었다.
카인즈는 아트레이데스 모자에게, 버려진 실험실들을 잇는 여러 복도가
교차하는 지점인 넥서스를 보여준다.

이 공간은 열 발전소의 냉각탑을 참고해 디자인했다. 중앙에는
위에서부터 빛이 기둥처럼 들어오는 곳이 있다. 아라킨의 격납고 장면과
마찬가지로, 이 넥서스도 부다페스트에서 스튜디오 건물들 사이의 공간을
활용해 촬영했다. 땅에는 모래를 두껍게 깔고, 사방에 모래 색깔 스크린을
설치했으며, 머리 위를 덮은 막은 콘셉트 그림 속의 채광창 디자인에 맞춰
잘라냈다.

나중에 사다우카들이 하늘에서 이 넥서스 안으로 떨어져 내려와
프레멘을 기습한다. 그러나 이 사막 전사들은 결코 당황하는 법이 없다.
드니는 이렇게 설명한다. "그들은 모래 속에서 유령처럼 솟아 나와 적을
공격합니다. 프레멘은 느닷없이 나타나 공격하는 문어 같아요. 매우
빠르고 저돌적이죠."

206~207쪽: 최종 시각효과
장면의 직접적인 참고자료로
사용된 넥서스의 초기 콘셉트
그림.

207쪽 오른쪽: 사다우카 공격
장면은 방음 스튜디오들 사이의
야외 세트장에서 촬영했다.

카인즈의 사무실과 식물 실험실

행성학자로서 카인즈의 비밀스러운 목표는 지상을 흐르는 물과 식물을
되살려 아라키스의 생태계 균형을 회복하는 것이다. 프레멘의 꿈이기도 한
이 목표를 언젠가 폴이 이루어 줄지도 모른다. 샤론 덩컨 브루스터는 이렇게
말한다. "이 작품은 생태계, 환경, 지속 가능성에 대한 영화예요. 원작소설이
1960년대에 나왔다는 점을 생각하면, 프랭크 허버트는 시대를 훨씬 앞선
사람이었습니다."

　카인즈는 폴, 제시카, 던컨을 데리고 섬세한 고대 조각들로 뒤덮인 복도를
돌아다니며 옛 실험 기지를 보여준다. 파트리스는 이렇게 말한다.
"나는 바위로 위장된 벽에 글자를 넣고 싶었어요. 그 글자들은 대대로 이어져
내려온 지식과 문화를 상징합니다." 파트리스는 제2차 세계대전 때의
벙커를 바탕으로 지하 실험실뿐만 아니라 카인즈의 사무실도 디자인했다.
그는 디자인에 영감을 준 자료에 대해 이렇게 말한다. "중앙 복도 하나와
여러 개의 둥근 방이 있었어요. 내가 그 모양을 완전히 바꿔놓기는 했지만,
전체적인 아이디어를 그 자료에서 얻은 건 맞습니다."

어떤 문을 열면, 새싹과 어린 식물이 가득한 식물 실험실이 나온다.
세트 장식 담당인 리처드 로버츠는 팀원들과 함께 프레멘의 이 혁신적인
식물 재배 시스템을 디자인했다. 리처드는 이렇게 말한다. "드니는 오늘날
실험실에서 볼 수 있는 것이나 자기가 정체를 알아볼 수 있는 물건은 절대로
사용하지 말라고 했어요." 그는 이 점을 염두에 두고, 식물이 성장하는 데
필요한 빛을 충분히 공급하면서 물은 최소한으로 사용하는 여러 장치들을
디자인했다. 리처드는 이렇게 말한다. "이런 혁신적인 물건들을 만들기
위해 인근 유리공장에 유리병을 주문했습니다. 다른 것은 모두 우리 팀이
맨바닥에서부터 만들어 냈죠."

　넥서스 장면은 스튜디오들 사이의 야외에서 촬영했지만, 복도와
사무실과 식물 실험실 세트는 다른 곳에 지었다. 방음 스튜디오로 전환한
헝가리의 주석 공장이 그 장소였다. 이 세트장을 지을 수 있을 만큼 커다란
공간이 그곳밖에 없었다.

　이 장면의 마지막 부분, 즉 폴, 제시카, 카인즈가 기지의 비밀 통로로
도망치는 모습은 오리고 스튜디오에서 찍었다. 수직 빛기둥들이 좁은
통로에 늘어선 이 세트장은 콘셉트 그림의 완벽한 재현이었다.

208쪽: 버려진 실험 기지와 리에트 카인즈 박사의 실험실을 묘사한 콘셉트 그림.

위: 던컨이 식물 실험실을 발견하는 모습을 묘사한 콘셉트 그림.

왼쪽: 식물 실험실 세트장의 제이슨 모모아.

오른쪽: 촬영장에 설치된 프레멘 식물 재배 시스템.

오니 2 디자인

은밀히 움직이는 프레멘들은 보통 오니솝터를 사용하지 않는다. 그러나 다행히 응급상황을 위해 보관해 둔 낡은 비행기가 한 대 있다. 폴과 제시카는 사다우카의 공격을 피해 도망칠 때 이 오니솝터를 이용한다.

이 비행기는 아트레이데스 오니솝터와 다른 모양으로, 탐사용 소비행기와 비슷하게 생겼다. 파트리스는 이렇게 설명한다. "이미 원래 오니솝터 디자인이 있었기 때문에, 이 탈출용 오니솝터 디자인은 아주 빨리 나왔습니다. 콘셉트는 그대로 두고, 껍데기만 새로 디자인하면 되는 문제였으니까요." 드니는 아주 오랫동안 사용한 적이 없는 골동품 비행기를 상상했다. "엔진에 녹이 슬어서 시동을 거는 데만도 힘이 들고 불꽃이 거꾸로 타는 듯한 느낌을 원했습니다." 드니는 이렇게 말했다.

201~211쪽: 폴과 제시카가 실험기지에서 탈출하는 모습을 묘사한 콘셉트 그림.

위: 요르단 사막에서 티모테 샬라메와 리베카 퍼거슨이 오니솝터 추락 장면을 촬영하고 있다.

FREMEN

프 레 멘

212~213쪽: 사막복을 입은
프레멘의 초기 콘셉트 그림.

214~215쪽: 요르단의 바위
능선에서 출연 배우, 엑스트라,
촬영팀이 프레멘 장면을 찍고
있다.

프레멘은 깊은 사막에 살고 있으며, 절망적일 정도로 건조한 기후 속에서
목숨을 부지하게 해주는 규칙과 의식을 따른다. 이 토착민들은 80년 동안
하코넨의 탄압과 사냥에 시달렸다. 그런데도 그들은 사회적, 정치적, 경제적
구속에서 벗어나 사막에서 자유로이 생존해 왔다. 폴 아트레이데스는 이들의
문화와 접촉하면서 어른이자 지도자로 변해간다.

쉽게 눈에 띄지 않는 프레멘들은 햇빛과 적을 피해 시에치라고 불리는
지하 동굴에 숨어 살아남았다. 그들은 환경에 깊은 유대감을 갖고 환경을
존중하며, 환경에 해가 되는 스파이스 착취로부터 이 행성을 보호하려고
애쓴다. 프레멘 지도자 스틸가 역을 맡은 하비에르 바르뎀은 이렇게 말한다.
"듄의 스파이스는 현대의 석유와 같습니다. 우리 종족은 스파이스 산업의
장애물이에요. 우리가 이 행성의 풍경을 바꾸고 싶어 하기 때문이죠. 우리가
박해받는 이유가 바로 그겁니다. 우리의 꿈이 실현된다면 스파이스가 사라질
겁니다."

"프레멘은 깊은 사막에 살고 있으며,
절망적일 정도로 건조한 기후 속에서
목숨을 부지하게 해주는
규칙과 의식을 따른다."

216~217쪽: 미래형 프레멘 우주갑주를 묘사한 콘셉트 그림.

오른쪽: 스파이스를 섭취하고 환영에 빠져든 폴이 프레멘과 나란히 싸우는 자신의 모습을 보는 장면을 묘사한 콘셉트 일러스트.

사막복

아라키스 지상에는 물이 없기 때문에, 물이 무엇보다도 소중한 프레멘은 단한 방울의 수분도 귀하게 여긴다. 그들은 자기 몸의 수분을 보존하기 위해 사막복을 입는다. 이 옷은 입김, 땀, 소변을 먹을 수 있는 물로 바꿔 몸의 수분을 재활용한다. 허비되는 물은 전혀 없다. 심지어 눈물조차도.

작업 초기에 콘셉트 디자이너 겸 스토리보드 아티스트 샘 후데키는 사막복에 소리를 증폭해 주는 기술을 접목하면 어떨까 하는 생각을 했다. 그는 이렇게 말한다. "사막에서 프레멘이 소리에 대단히 민감해야 할 것 같았습니다. 사막여우, 사막쥐의 소리에 귀를 기울여야 하고, 생존을 위해 모래벌레 소리에도 귀를 기울여야 하니까요." 작업 초기 스케치에서 프레멘들은 소리를 증폭해 주는 장치뿐만 아니라 곤충의 눈처럼 생긴 눈 보호 장치도 착용하고 있다. 이런 요소들은 나중에 사막복 디자인에서 제외되었지만, 깊은 사막에서 살아남는 데 필요한 기술을 제작팀이 궁리해 보는 데에는 도움이 되었다.

그들의 연구는 의상팀의 콘셉트 아티스트 키스 크리스텐슨이 그린 최종 디자인으로 결실을 맺었다. 그가 그린 사막복의 집수(集水) 주머니는 팔, 다리, 몸통에 통합되어 있으며, 프레멘들은 튜브를 통해 이 주머니의 물을 마신다. 공동 의상 디자이너 밥 모건은 "많은 고민의 결과"라고 말한다. 의상

모든 사람이 주목할 겁니다. 또한 그것이 드니에게 몹시 중요한 일이라는 확신이 들었어요."

사막복은 부다페스트의 의상 공방에서 제작되었다. 드니의 생각을 반영하면서도, 촬영 중에 실용적으로 입을 수 있는 옷을 만들어야 했다. 재클린은 이렇게 회상한다. "우리는 모든 부분이 생각대로 만들어졌는지 확인하려고 거의 매일 사람들에게 사막복을 입혀 보았어요." 이 의상에 성별 구분은 없었다. 드니는 이것으로 프레멘의 평등한 문화를 나타내야 한다고 강조했다. 재클린은 이렇게 말한다. "나도 성별 구분이 없어야 한다는 점에 동의했습니다. 이스라엘 군인들이 남녀를 막론하고 모두 똑같아 보인다는 사실이 자꾸 생각나더라고요. 그것이 내 눈에는 언제나 멋지게 보였거든요."

사막복 한 벌을 제작하는 데에는 4주가 걸렸다. 또한 모두 열 가지 부분으로 구성된 이 옷을 배우에게 입히는 데에는 20~30분이 걸렸다. 옷을 다 입힌 뒤에는 사람들이 부적처럼 가지고 다니는 갖가지 물건들을 붙여 개인을 구분했다. 그리고 마지막으로 재클린과 밥은 짧은 망토, 스카프, 흘러내리는 얇은 천 등을 덧붙여 의상에 시적인 분위기를 부여했다. 재클린은 이렇게 말한다. "모래 색깔 속으로 섞여 들어가 바람과 함께 나부껴야 했습니다. 그 덕분에 생존만을 위해 살아가는 유목 부족 같은

218~219쪽 위: 프레멘이 생존을 위해 입는 옷을 연구한 초기 드로잉들.

219쪽: 사막복의 앞면과 뒷면의 최종 디자인을 그린 콘셉트

왼쪽: 사막에서 살아남기 위해 머리와 몸을 감싸는 방법을 연구한 초기 스케치.

220~221쪽: 아랍에미리트 사막에서 리베카 퍼거슨과 티모테 샬라메.

차콥사어

영화에서 프레멘들은 내내 차콥사라는 언어를 사용한다. 이 언어가 진짜처럼 들리게 만들기 위해 드니는 언어학자 데이비드 J. 피터슨에게 도움을 청했다. 그는 〈왕좌의 게임〉〈토르: 다크 월드〉〈닥터 스트레인지〉 등 여러 작품에서 가상의 언어를 고안한 경험이 있었다.

차콥사어를 만들 때 데이비드는 프랭크 허버트가 소설에 묘사한 용법을 충실히 따랐다. 데이비드는 《듄》에 나온 차콥사어를 분석한 결과를 이렇게 설명한다. "현대 프레멘어는 아랍어에서 유래한 것 같았습니다. 나는 소설에 차콥사어라고 밝혀져 있지만 아랍어의 영향이 전혀 없는 한 구절을 출발점으로 삼았습니다. 그 시 구절은 프랭크 허버트가 창작한 것이 아니라, 루마니아 시에서 유래했다는 동요책에서 가져온 거예요. 그러나 소설에 밝혀진 이 구절의 뜻은 허버트의 창작입니다. 따라서 나는 이것으로 문법의 뼈대를 만드는 것이 최선이라는 결론을 내렸어요. 그래서 조금 손을 본 끝에 이 동요를 중심으로 새로운 현대 프레멘어 문법을 만들었습니다."

데이비드는 자신이 개발 중인 이 언어의 오디오 샘플을 드니에게 보냈다. 프레멘 문화에 대한 감독의 생각이 잘 반영되어 있는지 확인받기 위해서였다. 데이비드는 이렇게 말한다. "그 언어가 (허버트의 의도를 존중하는 뜻에서) 아랍어와 비슷하게 들리면서도, 동시에 아랍어의 여러 요소들을 직접적으로 빌려온 것처럼 들리지는 않는다는 사실을 확인받고 싶었습니다." 드니는 이 샘플을 듣고 좋아하면서, 데이비드에게 대본에 나오는 프레멘들의 대사를 차콥사어로 번역하는 일을 맡겼다.

데이비드는 또한 파트리스 베르메트 및 미술팀과 함께 이 언어의 문자 모양도 디자인했다. 아이디어의 원천은 영화의 원전인 소설이었다. 그는 이렇게 말한다. "나는 《듄》 시리즈의 책 표지에 사용된 다양한 글자체가 항상 마음에 들었습니다. 영웅시처럼 대담하고, 크게 휘어지는 세로선과

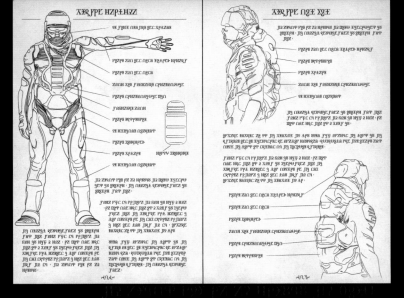

섬세하게 휘어진 가로선이 있는 글자체였죠. 그 글자의 디자이너들이 사막에 부는 바람을 형상화하려고 시도한 결과물인 듯합니다. 의도가 무엇이든, 좋은 글자체였습니다."

차콥사어를 읽고 쓰려면 315개가 넘는 상형문자를 알아야 한다. 구두점과 상형문자 조합은 헤아리지 않은 숫자가 이 정도다. 데이비드는 이렇게 설명한다. "차콥사 문자를 구성하는 상형문자는 모두 합해 2천 개가 넘습니다. 이것들을 내가 하나하나 손으로 그려서 만들어 냈죠. 이 문자들의 모양이 내게는 몹시 중요했기 때문에, 하나라도 틀린 부분을 용납할 수 없었습니다."

222쪽: 사막의 새벽을 맞은 레이디 제시카(리베카 퍼거슨), 스틸가(하비에르 바르뎀), 폴 (티모테 샬라메).

위: 아라키스와 프레멘에 대한 정보가 실린 폴 아트레이데스의 책 페이지 디자인.

아래: 차콥사 문자.

이곳 우리의 고통을 아는 그대, 우리를 위한 기도를 잊지 마오.

오른쪽: 프레멘 지도자 스틸가로
분장한 하비에르 바르뎀.

225쪽: (오른쪽에서부터
시계방향으로) 스틸가 의상
디자인. 스틸가의 토끼 부적을
묘사한 콘셉트 그림. 공작의
집무실 세트에서 조시 브롤린과
하비에르 바르뎀.

스틸가

프레멘 사회에 위계구조는 없지만, 그들이 따르는 지도자는 있다. 듄의
미래를 지키려는 지칠 줄 모르는 노력, 지혜, 힘을 보고 프레멘들이 선택한
스틸가가 바로 그 지도자다. 드니는 하비에르 바르뎀의 연기를 좋아하는
팬으로서, 그가 이 고결한 지도자의 강렬한 존재감, 선(善)을 추구하는 성격,
강력한 힘을 표현해 줄 것이라고 생각했다. 그는 이렇게 말한다. "프레멘
문화를 생생히 구현해 줄 수 있는 사람이 필요했습니다. 또한 이 행성의
적막함, 건조함, 묵직한 무게감을 보여줄 배우를 캐스팅하고 싶었어요."

하비에르는 이렇게 설명한다. "스틸가는 매우 강렬한 인물입니다. 그는
전사인 동시에 걱정하는 사람이죠. 먼 미래의 후손들을 걱정하는 사람.
그는 강인한 생존자이자 선량한 마음을 지닌 사람이에요." 스틸가는 또한
언젠가 듄에 구세주가 나타나 프레멘들을 구원으로 이끌 것이라는 말을
평생 동안 들으며 살아온 영적인 사람이다. 하비에르는 이렇게 말한다. "내가
맡은 배역은 지고의 힘에 유대감을 느낍니다." 스틸가는 수천 년 전 베네
게세리트가 심어둔 전설을 믿는다. 이 전설에는 리산 알 가입이라는 예언자가
등장하는데, 폴 아트레이데스가 바로 그 예언자라고 믿는 사람이 많다.

제이슨 모모아는 스틸가와 레토 공작이 처음 만나는 장면을 촬영할 때의
일을 지금도 가슴에 간직하고 있다. "하비에르와 함께 그 장면을 찍은 것이
내게는 최고의 경험이었습니다. 그가 록스타처럼 방으로 들어와 티모테,
오스카, 조시, 스티븐, 나를 내려다보던 모습. 그것을 지켜보며 연기에 대해
또 배웠습니다."

"모래 위에 남은 발자국이
우아하게 보이는 걸음을
안무하고 싶었습니다."

뱅자맹 밀피에, 안무가

226쪽: 요르단 사막에서 모래걸음을 걷는 하비에르 바르뎀.

오른쪽: 프레멘들의 모래걸음이 남긴 자국.

모래걸음

영화에 처음 등장하는 장면에서 스틸가는 사막을 걷다가 아트레이데스의 아라키스 도착을 알리는 하이라이너를 하늘에서 발견한다. 그는 약간 이상한 걸음으로 느리게 걷고 있다. 이것이 모래걸음인데, 모래벌레에게 공격받지 않기 위해 고안된 걸음으로 발을 일직선으로 내딛지 않는다. 발걸음의 규칙적인 진동이 모래벌레를 끌어들이기 때문이다.

본격적인 촬영이 시작되기 몇 달 전에 드니는 세계적으로 유명한 무용수이자 안무가인 뱅자맹 밀피에에게 도움을 청했다. 프레멘들이 조상 대대로 물려받은 걸음걸이를 고안하기 위해서였다. 소설과 대본의 묘사에 따르면, 모래걸음은 바람에 모래가 자연스럽게 흐르는 소리를 그대로 재현한다.

뱅자맹은 캘리포니아의 바닷가 모래사장에서 여러 방법을 시험해 본 끝에, 발을 반원형으로 끄는 동작과 몇 분의 1초쯤 살짝 멈췄다가 이어지는 걸음이 포함된 패턴을 고안해 냈다.

뱅자맹은 이렇게 설명한다. "모래 위에 남은 발자국이 우아하게 보이는 걸음을 안무하고 싶었습니다. 동시에 그 걸음걸이에 상응하는 몸의 움직임과 호흡도 흥미롭고 특이해야 했죠."

모래걸음은 모래언덕의 경사면뿐만 아니라 평지에서도 사용할 수 있게 고안되었다. 하비에르 바르뎀은 이렇게 말한다. "내가 가장 마음에 든 것 중 하나가 바로 프레멘의 사막 걸음걸이예요. 그들은 전혀 일정하지 않은 걸음걸이로 모래벌레를 피합니다. 걸음걸이에 지속적인 리듬이 없다는 얘기죠. 그 점이 정말 굉장합니다. 아주 독창적인 것 같아요."

챠니

챠니는 하코넨에 맞서 최전선에서 싸우는 맹렬한 프레멘 전사다. 스틸가의 수행원 중 한 명이며, 직관이 뛰어나다. 영화에서 폴 아트레이데스는 이 젊은 여성이 등장하는 환영과 꿈을 몇 번이나 경험하지만, 그녀의 이름도 모르고 그녀가 자신의 인생에서 어떤 역할을 하게 될지도 알지 못한다.

폴의 잠재적인 연인인 동시에 사막 전사인 이 인물의 모습을 설득력 있게 연기할 사람을 찾는 데에는 시간이 좀 걸렸다. 드니는 강인함과 독립성이 드러나고, 아라키스의 건조한 기후와 잘 어울리는 배우를 물색했다. 캐스팅용 영상을 숱하게 보고 여러 배우를 만나본 뒤, 그가 소개받은 사람이 젠데이아였다. 그는 이렇게 말한다. "아주 자연스럽고 꼼꼼한 배우라는 점이 크게 인상적이었습니다. 맹렬함, 신비감, 강인함이 그녀에게서 뿜어져 나왔죠. 티모테처럼 젠데이아도 영혼이 성숙한 사람입니다."

젠데이아와 드니는 처음 챠니라는 배역에 대해 의논하는 자리에서 그녀가 사막에서 제 몫을 다하려고 애쓰는 사람이라는 점을 이야기했다. 챠니는 구세주만 기다리지 않고, 스스로 적극적으로 행동한다. 행성의 미래에 대해서도 마찬가지다. 젠데이아는 이렇게 회상한다. "드니가 한 말 중에, 프레멘 사회는 남녀를 다르게 보지 않는다는 말이 있었어요. 모두 똑같이 싸우면서, 동등한 전사로 인정받는다는 거예요. 그런 사회의 일원이 되려면 챠니가 아주 강해질 수밖에 없겠다는 생각이 듭니다."

왼쪽: 폴이 처음으로 챠니를 만나는 꿈속 장면을 묘사한 스토리보드.

오른쪽: 캘리포니아 모하비 사막에서 촬영 중인 젠데이아.

229쪽 왼쪽: 사막복을 온전히 갖춰 입고 챠니로 분장한 젠데이아.

229쪽 오른쪽: 크리스나이프의 콘셉트 디자인.

크리스나이프

프레멘에게 가장 중요한 무기는 양날검인 크리스나이프다.
모래벌레의 이빨로 만든 칼인데, 이 신성한 검을 한 번 칼집에서 빼면
반드시 피를 묻혀야 한다는 전통이 있다.

　　프레멘들은 각자 자신의 성격과 지위가 반영된 독특한
크리스나이프를 갖고 있다. 소도구 담당자인 더그 할로커는 이렇게
설명한다. "사람들은 칼집에 머리카락 한 줌이나 뼛조각을 붙이기도
하고, 무늬를 새기거나 색깔을 달리하는 방식으로 자신의 칼을
표시합니다." 칼날은 이빨처럼 반투명하게 보이면서도 절대 부서지지
않을 만큼 단단하게 제작되었다. 더그는 이렇게 말한다. "빛이 어느
정도 투과할 수 있는, 적당히 반투명한 칼을 만들어야 했습니다.
우리는 투명한 아크릴로 칼의 몸체를 만든 다음, 뼈 색깔 페인트를
여러 겹 칠했지요." 크리스나이프의 금속 손잡이는 미니멀하게
디자인해서, 유기물로 만든 칼날이 더욱 강조되게 했다. 더그는
이렇게 말한다. "모래벌레의 이빨이 이 칼의 영혼이에요. 프레멘들은
이 손잡이를 통해 모래벌레와 물리적으로 접촉합니다."

야미스

야미스도 스틸가의 수행원 중 한 명이다. 일부 프레멘들이 그렇듯이, 야미스도 폴이 리산 알 가입이라고 믿지 않기 때문에 그를 환영하지 않는다. 스틸가가 레이디 제시카에게 허를 찔려 경계심을 풀자, 야미스는 그녀에게 목숨을 건 결투를 신청한다. 이때 폴이 어머니의 대전사로 나서 그와 싸우겠다고 한다.

드니는 야미스 역을 맡을 배우로, 복잡한 무술 동작을 해낼 수 있는 강인한 배우를 원했다. 그가 최종적으로 선택한 배우 뱁스 올루산모쿤은 20년 동안 주짓수, 권투, 무에타이, 가라테를 연마했으며, 브라질에서 주짓수 2급 검은 띠를 땄다. 뱁스는 이렇게 말한다. "이 모든 훌륭한 무술들이 액션 장면을 소화하는 데뿐만 아니라 정신적, 육체적으로 준비를 갖추는 데에도 도움이 되었습니다." 그러나 야미스는 일차원적인 인물이 아니다. 모든 프레멘이 선천적으로 지니고 있는 감수성과 깊이가 그에게도 있다. 뱁스는 이렇게 말한다. "프레멘들은 자신의 땅을 지키려는 마음이 아주 강합니다. 자기 자신, 자기들의 행성, 조상들과 직접 닿아 있죠."

"야미스는 긍지 높은
프레멘 최고의 전사 중
한 명입니다."

뱁스 올루산모쿤, 배우

230쪽 왼쪽: 야미스로 분장한 뱁스 올루산모쿤.

230쪽 오른쪽: 티모테 샬라메와 뱁스 올루산모쿤이 크리스나이프를 휘두르며 격투 장면을 연기하고 있다.

231쪽: 요르단의 촬영장에서 뱁스 올루산모쿤.

벌레기수

영화의 마지막 장면에서 폴과 제시카가 프레멘들과 함께 걷고 있을 때, 폴이 저 멀리 흙먼지가 이는 것을 발견한다. 자세히 살펴보니, 모래벌레의 등에 프레멘들이 타고 있는 모습이 보인다.

모래벌레는 파괴적인 짐승이지만, 프레멘들은 그들의 등에 올라타 그 힘을 이용하는 방법을 터득했다. 드니는 이렇게 말한다. "프랭크 허버트는 프레멘들이 창조자 작살이라는 도구를 이용해 벌레의 체절을 열어두는 방식으로 벌레를 타고 다닌다고 설명했습니다. 모래벌레는 몸에 더 상처가 나는 것이 싫어서 모래 속으로 파고들어 가지 못하고, 기수의 유도를 따릅니다." 드니는 이 장면으로 영화를 끝맺고 싶었다. 이 강렬하고 독특하고 매혹적인 순간을 본 관객들은 이 이야기를 더 보고 싶은 마음을 갖게 될 것이다.

드니는 이렇게 말한다. "벌레기수들이 서핑 또는 카이트서핑을 하는 것처럼 보이는 그림(232쪽)이 마음에 들었습니다. 그들이 고속으로 움직인다는 점도 좋았고요. 내가 꿈꾸던 장면이 바로 그거였습니다."

232쪽: 벌레기수 최종 콘셉트 그림.

위: 벌레기수를 묘사한 초기 스토리보드.

아래: 프레멘 벌레기수와 모래벌레의 상대적인 크기를 연구한 콘셉트 그림.

에 필 로 그

우리는 프랭크 허버트의 소설과 그가 남긴 유산에 대한 진지한 애정과 존경으로 이 영화를 만들었다. 프로듀서 메리 페어런트는 "모든 요소들이 이렇게 어우러지는 것은 드문 일"이라고 말한다. 또한 프로듀서 케일 보이터는 이렇게 말한다. "드니의 열정과 해석에 프랭크도 진심으로 박수를 보낼 것 같습니다. 이 복잡한 이야기의 상세한 뉘앙스를 시간을 두고 제대로 표현할 수 있게 소설 1권을 영화 두 편으로 나누자는 그의 본능적인 판단도 포함해서요." 이 영화를 제작하는 과정 내내, 제작진은 《듄》의 영혼과 정수를 추구하며, 50년이 넘도록 찬탄을 자아낸 세상에 생명을 불어넣겠다는 결의를 다졌다. 허버트 이스테이트에서 자문을 해준 브라이언 허버트, 케빈 J. 앤더슨, 바이런 메릿도 제작진을 지원하고 인정하며 도와주었다.

드니는 어렸을 때부터 상상하던 우주를 생생하게 살려내기 위해 3년이

넘는 시간 동안 부지런히 움직였다. "이것은 내가 감독으로서 맡은 일 중에 말할 것도 없이 가장 야심차고 중요한 작업입니다." 그의 말이다.

출연진과 제작진 전원의 열정과 헌신이 없었다면 이 모든 일이 불가능했을 것이다. 티모테 샬라메는 이렇게 말한다. "이 영화에 참여한 모든 사람이 이 소설과 드니, 그리고 프랭크 허버트를 위해 움직였어요."

드니는 이렇게 말한다. "나는 이 영화의 출연진이 무엇보다 자랑스럽습니다. 모두 헤드라인을 장식할 만한 배우들이라서가 아니라, 각자 맡은 배역에 완벽히 어울리는 사람들이기 때문이죠. 모든 배역이 소설 속 묘사와 무서울 정도로 일치해요."

촬영 과정에서 우리는 영화 속에서 여행을 떠난 아트레이데스 가문 사람들처럼 이야기 속 세계의 새로운 풍경과 비전에 푹 빠졌다. 제이슨

234~235쪽: 모래폭풍 속의 모래벌레를 그린 초기 콘셉트 그림.

236~237쪽: 시에치의 콘셉트 그림.

모모아는 이렇게 말한다. "요르단은 내가 경험한 영화 촬영지 중 가장 먼 곳이었습니다. 와디 럼 사막은…… 그 자연풍경과 아름다움, 고독함으로 내 배역이 영화 속에서 겪는 일들을 거울처럼 보여주었습니다."

영화를 찍으면서 우리가 경험한 일을 하나 더 꼽는다면, 카메라 밖에서도 제작진이 단합을 보여주었다는 점이다. 우리는 거의 2년 동안 드니가 꿈꾼 영화 〈듄〉을 스크린에 그대로 옮기기 위해 함께 일했다. 그레그 프레이저 촬영감독은 이렇게 말한다. "우리가 이 영화를 제대로 만들기 위해 서로 합심한 것은 몹시 특별한 경험이었습니다. 촬영이 끝날 무렵, 앞으로 평생 동안 이 사람들과 함께 일하고 싶다는 생각이 들 정도로."

〈듄〉은 많은 관객에게 공감을 얻고 싶다는 희망을 안고 영화관의 대형 화면용으로 만들어진 작품이다. 폴 아트레이데스는 이 이야기 속의 여정 끝에 자신이 지닌 재주, 가치관, 의지로 역사의 방향을 바꿀 수 있다고 믿게 된다. 결국 그는 우리 각자가 내면에 품고 있는 힘의 은유다. 시나리오 작가 에릭 로스는 이렇게 썼다. "이 이야기가 우주의 사다리를 어떤 방식으로 타고 올라가든, 그 중심에 있는 것은 사람들이 마음에 품은 사랑과 기쁨과 아픔입니다. 바로 이 점 덕분에 〈듄〉은 시대를 초월한 작품이 될 겁니다. 이 영화는 우리가 자연의 적이 아니라 자연의 일부가 되어야 한다고, 환경과 평화로운 관계를 맺을 수 있다고 말합니다. 인간성을 유지하며 자연을 돌보는 사람이 되기 위한 노력은 영원합니다."

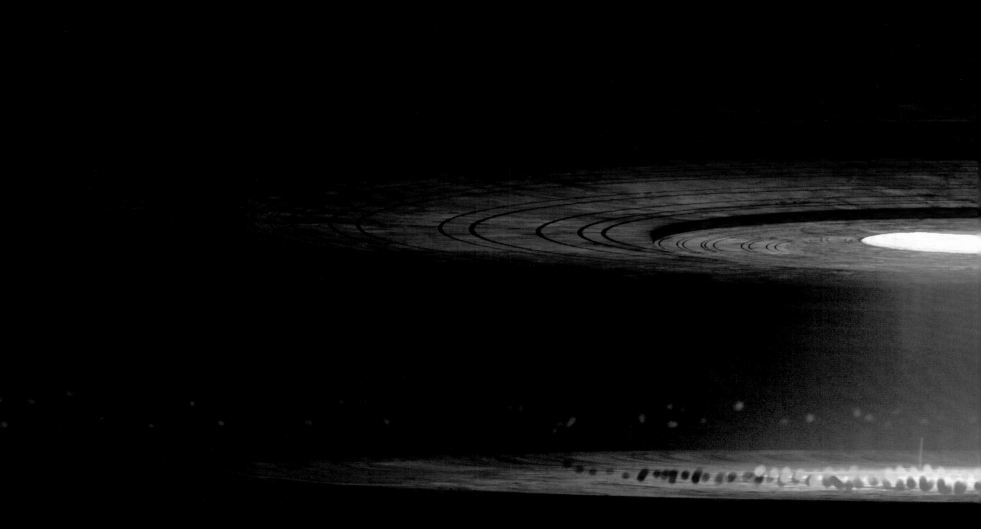

감 사 의 말

믿음을 보여준 레전더리의 메리 페어런트, 케일 보이터, 로버트 냅튼, 잰 존스, 그리고 앞길을 보여주는 조언을 해준 인사이트 에디션즈의 크리스 프린스에게 감사드린다. 드니 빌뇌브에게도 진심으로 감사의 뜻을 표하고 싶다. 그의 지혜와 지원이 없었다면 이 책을 쓰지 못했을 것이다. 영화 촬영 과정을 멋진 사진으로 포착해 준 치아벨라 제임스에게는 특별한 감사의 뜻을 전한다. 마지막으로 자신의 시간과 이야기를 쏟아 아름다운 예술작품을 만들어 준 출연진, 제작진, 〈듄〉의 친구들에게 거듭 감사드린다. 우리 팀이 영화에 쏟은 헌신이 이 책에 반영되어 있다.

케이멘 아네프, 셰릴 베이넘, 비비언 벤저민, 조 카라치올로, 티모테 샬라메, 크리스티 챔, 키스 크리스텐슨, 제시카 더해머, 샤론 덩컨 브루스터, 디크 페랑, 그리스 프레이저, 닉 풀턴, 더그 할로커, 스튜어트 히스, 카를로스 후안테, 샘 후데키, 조지 헐, 폴 램버트, 루베 라르손, 조 르파비, 바너비 레그, 로버트 리옵 맥팔레인, 데인 매지윅, 뱅자맹 밀피에, 크리스 밀러, 제이슨 모모아, 도널드 모윗, 게르트 네프저, 뱁스 올루산모쿤, 브라이스 파커, 데이비드 J. 피터슨, 페터 폽켄, 에릭 로스, 캐럴린 셰이, 존 스페이츠, 존 실바, 마티아스 토비아슨, 파트리스 베르메트, 에바 폰 바르, 재클린 웨스트, 알렉시 윌슨, 로저 위안.

스틸 사진: 치아벨라 제임스
9 페이지 사진: 조시 브롤린
97 페이지 사진: 루베 라르손, 마티아스 토비아슨, 에바 폰 바르
143 페이지 사진: 그레그 프레이저
18, 159, 167 페이지 사진: 타냐 라푸앵트
160 페이지(위) 사진: 스튜어트 히스

콘셉트 그림:
케이멘 아네프, 키스 크리스텐슨, 조지프 크로스, 야닉 뒤솔트, 디크 페랑, 제러미 해나, 에릭 해멀, 대릴 헨리, 마이크 힐, 카를로스 후안테, 샘 후데키,

조지 헐, 로버트 리업 맥팔레인, 데인 매지윅, 에런 모리슨, 에드 내티비대드, 저질리 피로스카, 페터 폽겐, 크리스 로즈원, 그레그 토저, 파트리스 베르메트, 콜리 워츠, 우승진.

기록: 비비언 벤저민

한정판을 위한 베네 게세리트 캘리그래피: 에런 모리슨

WETA
벤 호커 - 미술감독
제레미 해나 - 미술감독 겸 선임 콘셉트 아티스트
애덤 미들턴 - 선임 콘셉트 아티스트
데인 매지윅 - 선임 콘셉트 아티스트
탈레이 시렐 - 프로덕션 매니저 총괄
밀리 그리핀 - 프로덕션 코디네이터

로디오 FX
세바스티안 모로 - 사장
셰릴 바이넘 - 책임 프로듀서
디크 페랑 - 미술팀장

더블 네거티브
라비 반잘 - 국제 미술팀장
니콜라이 라주예프 - 콘셉트 아티스트
케이멘 아네프 - 콘셉트 아티스트
우승진 - 콘셉트 아티스트

238쪽: 프레멘 시에치 내의 방을 묘사한 콘셉트 그림.

240쪽: 실험기지 비밀통로의 콘셉트 일러스트.

옮긴이 **김승욱**

성균관대학교 영문학과를 졸업했다. 뉴욕시립대학교 대학원에서 여성학 과정을 수료하고 〈동아일보〉 문화부 기자로
근무했으며, 현재 전문 번역가로 활동하고 있다. 옮긴 책으로 《스토너》, 《니클의 소년들》, 《분노의 포도》, 《19호실로 가다》,
《나보코프 문학 강의》, 《노년에 대하여》, 《히카르두 헤이스가 죽은 해》, 《완벽한 스파이》, 《듄》 등이 있다.

듄: 메이킹 필름북

초판 1쇄 발행 2021년 11월 19일
초판 2쇄 발행 2021년 12월 31일

지은이 | 타냐 라푸앵트
옮긴이 | 김승욱
발행인 | 강봉자, 김은경
펴낸곳 | (주)문학수첩
주소 | 경기도 파주시 회동길 503-1 (문발동 633-4) 출판문화단지
전화 | 031-955-9088(마케팅부), 9530(편집부)
팩스 | 031-955-9066
등록 | 1991년 11월 27일 제16-482호

홈페이지 | www.moonhak.co.kr
블로그 | blog.naver.com/moonhak91
이메일 | moonhak@moonhak.co.kr

ISBN 978-89-8392-858-0 03680

•파본은 구매처에서 바꾸어 드립니다.

이 책의 한국어판은 오렌지에이전시를 통해 저작권사와 독점 계약한 (주)문학수첩에서 2021년도에 출간되었습니다.
저작권법에 의해 보호를 받는 저작물이므로 무단 전재와 무단 복제를 금합니다.

ROOTS of PEACE   REPLANTED PAPER

Insight Editions, in association with Roots of Peace, will plant two trees for each
tree used in the manufacturing of this book. Roots of Peace is an internationally
renowned humanitarian organization dedicated to eradicating land mines
worldwide and converting war-torn lands into productive farms and wildlife
habitats. Roots of Peace will plant two million fruit and nut trees in Afghanistan and
provide farmers there with the skills and support necessary for sustainable land use.

Manufactured in China by Insight Editions